中小製造業の経営管理の虎の巻

中小製造業の情報管理は情報の記録から

松本 繁治

東京図書出版

中小製造業の経営管理の虎の巻——目次

第1部

経営に必要な七つの管理項目

序章

中小の製造業を経営する上で経営者として行うべき仕事はたくさんあり、一人で何役もこなす必要がある。経営者としてトップセールスマンである必要があり、取引先との信頼関係を築くために先頭に立って営業活動を行う必要がある。また銀行や資本家などとのお付き合いや、地域社会での活動も大事である。そして最も大事な事として、会社内の日々の活動を管理・監視し、様々な問題に対峙し、必要に応じてアドバイスや指導を行い、社員と一緒に解決する必要がある。そのためには、企業活動における様々な業務をハイレベルで理解し、何を管理すべきか知る必要がある。特に中小の製造業においては、一人で対応する必要があり、カバーすべき領域が多岐にわたるため、幅広い知識や経験が必要である。

ＭＢＡ（経営学修士）などでは、マーケティングや商品戦略、人材管理、会計、そしてリーダーシップ論などを学ぶ事が多く、これらはどの様な企業でも必要な管理項目またはノウハウである。しかし、製造業の場合はこれらのＭＢＡで学べる知識やノウハウだけでは全然足りない。当たり前だが、製造業は〝もの〟を作って販売する企業である。そのため、もの作りに関連する業務管理のノウハウが必要である。

経営者として、必ずしもすべての業務についての深い知識を持つ必要はないが、これらの業務の概要レベルを理解し、管理すべきポイントを把握し、問題がある場合にそれを理解する事ができる知識と能力を持つ必要がある。そしてこれらの業務の状況を常に掌握し、ＰＤＣＡ（Plan, Do, Check, Action）を社員に指導し、実行できる事が望まれる。

そしてもう一つ大事な事として、中小製造業の経営管理は、情報の記録から始める必要があるという事である。情報を使った経営管理の大事さを語る書物は沢山あるが、そもそも中小の製造業では、その必要な情報自体がない場合が多い。そのため、場合によっては情報を作り、記録する所から始める必要もある。

製造業に必要な管理すべき業務とは、次の七つの業務であり、本書ではこれらの業務についての管理方法を述べていきたい。

1　販売管理
2　納期管理

3　生産管理
4　原価管理
5　品質管理
6　購買管理（仕入先管理）
7　在庫管理

また、これらの業務管理とは別に、次の三つの項目について、補足的な説明をしていきたい。

8　営業活動
9　製造方式と生産計画
10　経営者として

中小企業の製造業の経営者として、これら七つの主要業務の状況を常に把握する事が大変重要である。これらの状況を把握できていないと、問題・課題を早期に発見できず、事が大きくなってから問題・課題を知る事になり、中小企業にとって致命傷となる可能性がある。そのため、様々な企業内の活動に目配りし、状況を把握する事が経営者にとって大変大事な仕事である。しかし、これらの業務を全部把握する事は簡単な事ではない。対象範囲が大変広く、これらのすべてを理解し把握する事は大変難しく、掌握するには何年もの年月が必要である。それで業務のノウハウを学ぶ代わりに、業務の管理（経営管理）に関するノウハウを学ぶ事が、経営者にとって必要になってくる。

江戸時代の商家では、一般的には番頭さんが商売を仕切っていたとも言われている。儲かっているお店には、優秀な番頭さんがいたのだろう。この番頭さんが今の用語でいうと、販売管理、購買管理、在庫管理、そして多少の原価管理を行っていたのであろう。大したモノである。丁稚奉公から始まり、何十年も仕事をしていく事で、これらの業務ノウハウを身に付けたのだと推測する。様々な仕事を経験する事で、管理する事も覚えていったであろう。結果、丁稚から始めた人のごく僅かの人が番頭になれた。別の言い方をすると、何十年もの年月を掛けないと身に付かない知識と能力であり、そして万人が身に付けられる能力でもない。

昔から日本の企業では、将来の幹部候補生には様々な職場を経験させてきた。2〜5年おきに所属が変わり、その都度転勤するという話はよくあった事であり、幅広い業務知識を付けるには必要な対応・考えであったともいえる。そして経験を積み重ねる事で、管理のノウハウも学んでいった。しかし職場を転々としても、学べる人は学べるが、学べない人は学べない。それ程難しいノウハウである。それをアメリカでは、MBAという大学院での教育で、その管理方法を学ぶ（教える）事で対応している。しかし、一旦経営者になったら職場を変える事はできないし、大学に行く時間もないであろう。それを本書で補ってもらいたい。

本来であれば、財務管理も重要な管理項目として含めるべきかもしれないが、財務情報で問題点を見出すのではタイミングとして遅く、そして財務情報から問題点の根幹を見極める事は難しい。それでこれらの七つの管理項目をしっかり行えれば、企業の管理はおおむね実施できると考えている。

管理を行う目的は、当然であるが会社が良くなるために行う行為である。しかし多くの企業の管理者は、情報を集め、経営者に報告する事が〝管理〟だと勘違いしているが、そうではない。ここでいう管理とは、管理対象の情報を収集し、その情報を元に分析及び評価を行い、そして問題点に対して対策を検討し、実施する事である。即ち、ＰＤＣＡ（Plan-Do-Check-Action）を回す事と同じである。管理対象に対して計画（Plan）を立て、その計画に沿って実行（Do）し、実行した結果の情報を収集し、分析・評価（Check）を行い、次の計画に結びつける（Action）、のサイクルを繰り返す事にある。そのため、経営者の仕事は日々の情報収集と、分析・評価にあるという事と理解する必要がある。本書では、情報の収集、分析、そして一部の管理項目については対応策の検討に関して説明していきたい。

第１章　販売管理

昔の八百屋などの小売りの様に、すべての商品を店頭に並べて直接顧客に売る事ができれば良いが、製造業では製造した製品を店頭に並べて売る様な事業は大変少ない。直接販売すれば、何が売れて何が売れないのかは即座に分かり、そしてどの様な人がどんな商品を買ってくれるのかも、即座に把握する事ができる。しかし、それでもこれらの販売情報を数値化すると、感覚で思っていた事と違うという事があり得る。即ち、数値データは自分が思っている事の裏付けになる事もあれば、自分の思っている事が間違っている事を指摘してくれるモノにもなってくれる。人の感覚は時には正しく、時には不正確である事の裏付けであろう。

店頭販売をしない製造業でも、当然データまたは数値で把握する事が大変大事になってくる。自分が直接関わっている事であれば、数値データがなくてもある程度正確に把握する事ができるであろうが、自分が直接関わっていないモノについては、数値データに頼る必要がある。但し、数値データに頼り過ぎる事も危険である事を知っておく必要がある。

そして数値データは簡単に改ざんできるため、「生」の情報を収集する術を身に付ける事も重要である。

〝管理〟をするためには、まずは情報の収集から始める必要がある。数値データはある意味自社の成績表であり、昨今は評価方法としてＫＰＩ（Key Performance Indicator）という言葉がよく使われる様になってきた。これらの数値データを元に、分析し、評価をする必要がある。そして分析及び評価結果を受けて、何等かの行動を検討し、実行に移す事が管理である。また、時には数値データに目標値を設定する事も大事である。中小企業の経営者として行うべき事は、このプロセスがしっかり行えているかをチェックする事であり、時にはこの一連の流れに加わる事が必要である。それで次に述べる数値データが悪い時には経営者が率先して分析・評価を行い、対応策を検討する必要がある。

管理項目（ＫＰＩ）：数値データ

①製品別と製品グループ別の受注（売上）実績とトレンド

②得意先別、代理店・販売店別、地域別の受注（売上）実績とトレンド

③①〜②別の需要予測、または販売計画と予実管理

④製品在庫
⑤納期遵守率

分析・評価項目：
⑥製品（製品グループ）別の分析・評価
⑦顧客別の分析・評価
⑧代理店・販売店の分析・評価
⑨販促資料の分析・評価

販売戦略の検討：
⑩製品戦略・製品開発
⑪在庫戦略
⑫潜在顧客数の把握
⑬その他：展示会など

①製品別と製品グループ別の受注（売上）実績とトレンド

製品別または製品グループ別の受注（売上）実績の把握は至って単純な事ではあるが、この情報を定期的（または適時）に確認している経営者はそれ程多くはないだろう。何となく把握しているが、正確には確認していないという人が多いのではないだろうか。そしてこの情報の過去実績を含めたトレンド（動向・傾向）となると、怪しい経営者も多い。この様に、これは知っている様で正確には知っていない情報ではないだろうか。これらの情報を頭の中に記憶しておく必要は必ずしもないが、定期的にこの数値データを見る事が重要である。このデータを見る事で、変化に気が付くハズであり、自社の問題点、課題などが浮かび上がってくるモノである。

企業がたくさんの製品を持っている場合は、ABC分析（重点分析・パレート分析）でのA評価（重要管理品目）の品目のみでもOKであろう。そして余力があればB評価（中程度管理品目）の品目の情報も確認する。C評価品目については余程の余力が無ければ定期的に確認する必要性は低いが、これらのC評価品目を継続すべきかどうかの判断などに使う情報にもなる。

②得意先別、代理店・販売店別、地域別の受注（売上）実績とトレンド

得意先別の受注（売上）高も、定期的に確認すべき大事な情報である。これについても、どの得意先の売上が多い・少ない程度であれば知っているであろうが、過去実績を含めたトレンドとなると、怪しくなってくる経営者も少なくないであろう。また間接販売が多い場合は代理店や販売店別の売上実績も把握する必要がある。そして、地域別の売上実績の把握も重要である。地域別の状況を知る事で、販売方法の問題点が把握でき、また後述する販売戦略や活動において、どの地域を訪問するべきかなどを判断する際に、重要な情報の一つになり得る。

それから、これらの集計に、製品や製品グループの集計条件を加えて、実績を確認する事も必要である。そうする事で、例えばAの製品がB社には売れているが、C社には売れていないといった状況を確認する事ができる。

③①〜②別の需要予測、または販売計画と予実管理

受注（売上）実績の現状とトレンドの確認の次は、製品別または製品グループ別の需要予測または販売計画と、実際の受注実績データとの比較（予実管理）である。これをPDCAという形で定期的に比較・分析する事が大変重要である。その理由は、多くの企業がこの需要予測または販売計画を元に、長納期品の発注や、人員計画、そして企業によっては、設備投資を検討する場合もあり得るからである。そのため、予実差異を把握する事が大変必要であり、この重要性を決して侮ってはならない。

中小企業の中には、需要予測や販売計画などを作成していない企業も少なくないであろう。しかし、殆どの企業は何等かの情報を元に、長納期品の調達を行っているハズである。そうであれば、時には需要予測や販売計画に相当する何等かの情報と、受注実績とを比較してみても良いのではないだろうか。

④製品在庫

見込生産を行っている企業であれば、製品の在庫数量の把握も大変重要である。在庫の持ちすぎも良くないが、販売機会損失を起こす様な少ない在庫も避ける必要がある。日常的な在庫数の確認はその製品または営業／製造の管理責任者の仕事ではあるが、経営者も適時確認する事が大事であり、それをトレンドとして把握する事が必要である。そして経営者はキャッシュフローの観点で在庫の状況を把握する必要があり、在庫の持ちすぎに注意を払いながら、この情報を把握する事が必要である。

⑤納期遵守率

受注生産を行っている場合、納期遵守率の把握も必要である。約束した納期を守れないという事は会社の信頼関係にも影響を及ぼすため、重要な管理項目の一つである。これについては後続の章で詳細を述べるので、ここでは詳述しない。

ここまでは〝受注（売上）数量〟や〝製品在庫〟等の数値で把握できる情報について説明をしてきたが、ここからはアナログ的・定性的な分析や評価について説明したい。そしてここからは、その時々の実績よりも、トレンド（傾向）としての分析と評価が必要になってくる。

⑥製品（製品グループ）別の分析・評価

製品または製品グループ別の分析及び評価では、先に簡単に述べたABC分析での分類分け以外に、例えば次の様な切り口での分析・評価も必要になる。そこで自社の製品の受注傾向（トレンド）を見て、例えば次のどれに当てはまるのか、考えてみる事から始めよう。そして、その理由付け・原因の確認が大事である。

Ⓐ製品または製品グループ別の販売傾向による分類

㋐これから受注が伸びる製品なのか

㋑これからも同程度の受注が見込める製品なのか

㋒これからの受注は減少傾向にある製品なのか
㋓殆ど売れていない製品なのか

これらは製品戦略として常に考える必要がある事項なのだが、例えば㋐の製品が新製品であれば、それを推進させるには何が必要かを考える事が大事である。この場合、後で述べる販促資料の改善や、営業活動の強化など、考えられる事はたくさんある。また、もしこの製品が昔からある製品で、何かをキッカケに受注が伸び始めたとすれば、その理由を把握する必要がある。市場の何が変わったのか、または別の理由があったのかなど、把握する必要がある。

この様な分析は㋑や㋒のケースであっても同じであろう。受注を伸ばすために何ができるか、または減少傾向にある製品を立て直すためには何ができるのか等々、考えるべき事はたくさんある。また㋒や㋓の場合では、該当製品のライフサイクルも考える必要がある。そして販売を止める必要がある製品であれば、その決断を下すタイミングを見計らう必要もある。

次は、自社製品の強みと弱みを知る事である。その場合、他社との比較をできるだけ行う事が望ましい。よくある事として、他社の製品を全く知らない企業人も結構多いが、他社の情報は適時収集する事が大変重要である。

Ⓑ競合製品との比較

㋕価格

㋖機能

㋗品質

㋘製品寿命

㋙サポート

価格面と機能面での比較は多くの企業はできているであろう。また、品質、製品寿命、そして製品にトラブルが発生した際のサポートについても他社との違いを把握しておく事も重要である。どんな企業でも競争力のある価格にしたいと考えているだろうが、機能などのその他の項目に自社製品に優位性があれば、価格では負けていても、受注に結びつけられる事をしっかり認識する必要がある。

次のⓒについては、より深いアナログ的な分析・評価になる。それは、自社の営業活動の振り返りと評価である。

営業（販売）活動の良し悪しを自社内で評価する事は簡単ではない。なぜなら、競合他社、または場合によっては違う業界の営業活動を知らないからである。個々の営業の能力の問題もあり得るが、ここでは会社としての取り組みを分析し、評価する必要がある。例えば販促資料の評価や、製品説明のポイントなど、会社としての取り組みで改善できる事は幾らでもある。それらを分析・評価し、次に繋げるＰＤＣＡの活動が必要である。

ⓒ製品または製品グループ別の営業（販売）活動の振り返り

　ⓢ良かった点
　ⓢ悪かった点
　ⓢ改善すべき点

⑦顧客別の分析・評価

顧客別の分析・評価は製品の評価・分析とほぼ同じで、違いは〝顧客〟という分類のキーが増えるだけである。例えば、自社の製品全体の売れ行きと、特定の顧客に対する売れ行きが一致していない場合があり、顧客別の自社製品の分析・評価をする必要がある。また、自社製品を海外にも販売している場合には、当然、海外の顧客に対する分析・評価も必要であり、国別で分析・評価しても良いだろう。

基本的には前出のⒶ〜Ⓒを顧客別に分析・評価する事以外に、次の分析・評価を行う必要がある。

まずは自分の会社目線で、顧客を評価したい。この㋟と㋠は似ているが、受注金額は多いが、重要度としてはそれ程でもない顧客、またはそれ程でもないが、重要と考える顧客が存在する場合もあり、敢えて分けて分析・評価する事をお勧めしたい。また、一般消費者向けの製品を作っている場合、顧客は特定の人ではなく、年齢や性別などのグループ分けで考える必要がある。

Ⓓ自社にとっての顧客の分析
　㋟売上規模としてのＡＢＣ分析
　㋠自社にとっての重要度としてのＡＢＣ分析

次は、顧客目線での自社の評価を想像する必要がある。大企業では、顧客満足度を外部に委託して調査する場合もあるが、中小企業ではそれは難しいであろう。であれば自分の想像力を使って、顧客目線での自社の評価を行ってみるのも重要な事である。

Ⓔ顧客にとっての自社の評価分析
　㋡発注金額面での取引先としての重要度のＡＢＣ分析
　㋢発注している製品の重要度としてのＡＢＣ分析

これも、顧客の規模（売上）に対して、自社製品の割合を金額で見てみよう。それによってざっくりとした評価はできるであろう。そして納めている自社製品の顧客にとっての価値を考えてみる必要がある。競合他社がたくさんある様な製品を納めているのか、または自社独自の製品を納めているのか、などによって、評価は違ってくるであろう。

⑧代理店・販売店の分析・評価

代理店・販売店の分析・評価も、顧客別の分析・評価とほぼ同じであるが、多少注意が必要である。その理由は、国内の代理店・販売店と、海外の代理店・販売店とでは、その在り方がかなり違うからである。そこで、先ずは代理店・販売店の国内外の違い・特徴を先に述べたい。

欧米の代理店・販売店は、売上を上げるための努力、即ち販売活動を行う。そのため、代理店・販売店自体が販売計画を作成し、提案する事が多い。見込（潜在）顧客の数を提示し、どの様に営業活動を行い、そして場合によっては計画販売数の提示もある。もし売る事ができないのであれば、メーカ側は他の代理店・販売店と契約する事になるので、代理店・販売店側も必死である。これはビジネスパートナーとして、双方のメリットをドライに考え、協力し合っていく関係であり、ある意味、厳しい世界でもある。

もし自分の会社が海外メーカの国内販売を行う場合、海外メーカからすると、自社は代理店・販売店の役割を担う事になる。この場合、当然であるが同様の販売計画などを作成し、海外のメーカに提示（アピール）する必要がある。

一方国内の代理店・販売店はどうだろうか？　ただ単に、お金の商流の仲介役として入っている業界や代理店・販売店も少なくない。そして一生懸命に販売活動をしてくれる代理店・販売店はそれ程多くはない。この事を理解した上で、国内の代理店・販売店に対する販売管理をどうするかを考える必要がある。

少し脱線するが、自社製品を海外で売る事は決して簡単ではない。その理由は、言語の問題以外に、様々な障害があるからである。

アメリカは有難い事に非常にオープンな国なので、日本の製品も寛大に受け入れてくれる。分かり易い例として、自動車の販売台数を見れば一目瞭然であろう。アメリカでの日本の自動車メーカの販売はかなりのシェアを得ているが、ヨーロッパでは苦戦しているメーカが殆どである。ヨーロッパには品質も良く、魅力的な自動車を作っているメーカがアメリカより多い事も理由であろうが、アメリカ社会のオープンな所が大きく影響している。なので、海外で成功したければ、まずはアメリカから始めるのがやり易いであろう。または、最近は東南アジアも力を付けてきたので、東南アジアを先に攻めるのも良いかもしれない。

一方ヨーロッパは日本同様に閉鎖的であり、入り込む事は大変難しい。アメリカと違って競合がたくさんあり、ヨーロッパからすると、わざわざ日本の製品を買わなくてもヨーロッパ地域内で賄える場合が多い。なので、余程製品に優位性や特徴がないと、中々売る事は難しいという事を知っておく必要があるだろう。

話を本題に戻そう。それでは日本の代理店・販売店について、どの様に分析及び評価を行うべきだろうか。

日本の代理店・販売店は、たくさんの企業の商品を扱っている場合が多く、個々の商品を勉強する事は大変難しい。そして、メーカ側に販売計画などを提示する事はほぼあり得ない。たくさんの商品を扱い、売れるかどうかは製造メーカの商品力次第の様な売り方をしている所が大変多い。そのため、代理店・販売店にはあまり多くは期待できない。しかし、製造メーカ側が適切な販促資料を用意し、若干の教育を施し、営業活動をあまりしなくても売れる製品を提供すれば、代理店・販売店はついてきてくれる可能性もある。こういった事を理解した上で、代理店・販売店の評価を行う事が重要である。そして、分析・評価項目は、顧客別の分析・評価で説明したⒹとⒺ以外に（〝顧客〟を代理店・販売店に変えて）、次の項目がある。

Ⓕ率先して自社製品を販売してくれる代理店・販売店なのか

ここまで説明してきた様に、日本の代理店・販売店は積極的に販売活動を行う事は多くない。しかし一部には、その様な活動を行う代理店・販売店もある事も把握する必要がある。

⑨販促資料の分析・評価

企業（または業界）によっては販促資料が不要な場合もある。例えば、受注設計生産を行っている企業や、長年同じ顧客とお付き合いしている企業では、カタログなどの販促資料は必要ないかもしれない。しかし多くの企業では、営業活動を行う際に、何等かの販促資料が必要である。特に自社製品を取り扱ってくれる代理店・販売店にとって、販促資料は必須であろう。しかし中小の製造業にとって、販促資料を適時作成する事は決して簡単な事ではない。

販促資料には、昔ながらの紙媒体でのカタログもあれば、ネット上での製品情報の掲載もあるだろう。大事な事として、カタログ情報等の中身の精査、分かり易さなどを、顧客や代理店・販売店などの外部の意見を交えて、適時評価する事が必要である。そして、次の製品にこの評価を反映すると同時に、場合によっては既存の販促資料を更新する事も必要であろう。

Ⓖ製品または製品グループ別の販促資料の分析・評価

- 良かった点
- 悪かった点
- 改善すべき点

評価するポイントはたくさんあるだろうが、例えば分かり易い例として、写真の見栄え、キーとなるメッセージや説明文章の内容、文字の大きさ、配色等々がある。そして、レイアウトやデザインなどについて、統一感も考慮する必要があるだろう。一目見て、〝ｘｘ社の販促資料〟だと、顧客に感じてもらえる方が良い。販促資料にも手を抜かず、良いモノにしていく事も、企業活動において大事である事を再認識する事が大事である。

ここまで①〜④の情報収集と、⑤〜⑨の分析・評価を行ってきたが、販売管理に関して次に考える事は、戦略の検討である。

⑩製品戦略・製品開発

受注の実態把握、そして分析・評価を行ったあとは、これまでの製品戦略に改善点が必要かどうか、また新しい分野に進出すべきかどうかなどを考える事である。仮に現状の自社製品の売れ行きが好調だったとしても、いつその製品の需要が減るか分からない。製品寿命は限られており、それを決めるのは市場であって、自社が決める事は稀である。そして製品開発には時間が掛かるので、常に次の製品の開発を行っている必要がある。そのため経営者は、現状の製品は後何年くらい持つのか、次はどの様な製品を開発する必要があるのかなど、常に先の事を考える必要がある。そのためにも、製品ライフサイクルを意識し、常に新しい製品を市場に出す事を考える必要がある。

中小企業の多くは下請けから始めている場合が多い。注文主から具体的な部品の製造依頼を受け、それが何に使われているのかを把握せずに製造を行っている。そして下請けとして企業の体力がつき始めたら、自社製品を開発しようと考え、他社が製造している既存品を真似て、類似品を製造する企業もあるだろう。これは取り掛かりとして悪い事ではないが、製品作り、そして販売活動の考え方を学び、常に進化していく必要がある。

また製品を作っているメーカは、その自社製品がどの様に使われているかについて、意外と知らないでいる。一般消費者向けの製品であれば、消費者がどの様に使っているのかは凡そ把握できているが、企業向けの製品を作っている場合、よく知らないケースも少なくない。これを知らなくても製品に対する要求内容を聞く事で製品を作る事はできるのだが、知る事でより良い提案をする事ができる可能性が高まる。仮に、受注生産を行っていて顧客の要望にそって製品を作っていたとしても、顧客の目線で設計しないと、顧客は満足してくれないだろう。

製品戦略という言葉を聞く事はあっても、これに本腰を入れて取り組んでいる中小企業は少ないであろう。当たり前であるが、勿論どの企業も市場のニーズにアンテナを張り、売れそうなモノを作りたいと考えている。しかし、売れそうなモノを見つける事は簡単にできる事ではない。また良いモノを作れば売れるといった考えを持っている経営者も多くいるが、ここが一つの盲点であり、この〝良いモノ〟の尺度が人によって全然違う事を認識していない経営者（または売り手）が殆どではないだろうか。製品の価値は顧客または市場が決める事であって、自社が決める事ではない。そして良いモノは必ずしも必要なモノではない事を認識する事が必要である。

自社の製品を顧客に買って頂くためには、常に顧客の目線で製品の価値を考える必要がある。顧客が何を望んでいるのか、どんな課題を抱えているのか、そしてどの様な製品を必要としているのかなど、顧客が考えている事を知る事が大事である。そのためには、顧客が行っている事業を知らずして、顧客が必要としている自社の製品を提供する事は簡単ではない。

そのためにも、

■顧客が抱える課題にアンテナを張る
■市場が欲しそうなモノを考える

という事を常日頃行う必要がある。センスがある人であればちょっと考えただけで答えを見つけられるだろうが、普通の人は常日頃考える事をしないと、アイデアはそう簡単には浮かばないだろう。

そして経営者は、

■常に危機感を持つ
■製品ライフサイクルを意識する

という事が必要である。これらを考え、常に意識する事で、継続的な製品開発や技術開発に邁進する事ができるであろう。

⑪在庫戦略

製品戦略の中で、既存製品については次の事項を考える必要がある。

- 在庫数量の適正化
- 受注生産品の在庫化
- 在庫製品の受注生産化

ここでは、販売機会損失の防止と、在庫の削減という、相反する事のバランスをどう維持するかを考える必要がある。当たり前であるが、在庫をたくさん持てば、販売機会損失は起こらない。しかし、在庫金額が多くなる事で、会社の経営にはマイナスとなり、そのバランスをどう保つのかを考える必要がある。そのため、在庫数量の見直しは定期的に行う業務の一つである。

受注生産品の在庫化またはその逆の在庫製品の受注生産化は、販売戦略にも関わってくる。そして企業のキャッシュフローにも大きく影響する問題である。そのためにも、経営者は在庫の適正化、または在庫戦略を常に考える必要がある。

⑫潜在顧客数の把握

売上が順調で、大変忙しい時であっても、潜在顧客の調査や分析を怠ってはいけない。どの程度の顧客が新たな得意先となり得るのか、そのボリュームは、そしてなぜ今までその潜在顧客に対して売れていないのか、などの分析も必要である。この分析を行う事で、既存のビジネスでの問題点や課題が見えてくる可能性もある。そしてこの潜在顧客に対する売り込みを、いずれ行う必要がある。

潜在顧客にも色々な企業がある。例えば、競合他社とベッタリ懇意な関係にあり、そこに入り込む事が難しい企業もあれば、単純に営業活動を行っていないために、入り込めていない企業もあり、様々であろう。それらの企業を洗い出し、いずれは自社の得意先として掘り起こしたいモノである。その方法として、直接的な営業活動を行う方法もあれば、ネットなどの間接的な販促活動の効果で顧客の方から自社にアプローチしてくる場合もあるだろう。

因みに、製造業向けのツールを製造している中小企業のA社では、新しい顧客の掘り起こしのために、社長自ら営業活動を行っている。頻繁に様々な地域に赴き、その地域の顧客を一軒一軒訪問して、顧客を掘り起こしている。そのお陰で安定した受注を確保し、業績を伸ばしている。

この様に、中小企業にとっては地道な営業活動も必要な場合もある。自社の存在を知ってもらい、自社のサービスの利点を説明し、熱意を伝える事で、人は動く場合もある。是非とも、参考にしたい事例であろう。

⑬その他：展示会など

世の中には様々な展示会が存在し、ありとあらゆる業界向けの展示会が存在する。国内では、東京や大阪等で行われる様な全国規模、または国際レベルの展示会から、地方で行われる地域を活性化する目的で開催される展示会など、様々な展示会が存在する。そして展示会は新しい顧客を発掘し、新製品を発表する場だけでなく、競合他社の情報を仕入れる場所としても有効である。しかし近年はこれらの展示会の効果が疑問視され、展示会への参加を縮小、または見送る企業もかなり増えてきている。そのため、展示会などに出展する事を行っている企業は、まずは展示会への出展の効果の評価も行う必要がある。

ちょっと横道にそれるが、ヨーロッパと日本とのビジネスのやり方の違いを説明するために、展示会の話をしたい。日本で行われる大きな展示会は、東京では東京国際展示場で、大阪ではインテックス大阪などで行われていて、行かれた方も多いだろう。どの展示会でも、展示社は必死になって新しい商談を作ろうとし、そして展示会を見に行く人も、真剣に新しい情報を入手しようとしている。

アメリカの展示会は、日本の展示会と似ている点が多い。展示の仕方も似ていて、展示会は商談の場であり、積極的に情報収集や商談・取引を行う場である。また作業服や多少ラフな恰好で行っても違和感がない。

しかし、ヨーロッパのそれはかなり違う面がある。展示会は商談の場ではなく、どちらかというと社交場である。たとえ小さなブースであってもカウンターを設置し、ワインや軽食を用意して、来客者をもてなしている。展示者側は当然オシャレなスーツを着こなし、来客者とは社交場としての会話を行う。そのため、ヨーロッパの社交界に属していない日本の企業が入り込む事は簡単ではない。これを理解していない一部の日本企業のブースでは、作業服を着て製品説明を行っている。日本の企業は〝階層の無い社会〟を表現したいのだろうが、それではヨーロッパの人達には訴求できない。

この違いは何処から来るのだろうか？　ヨーロッパは階級社会であり、展示会に出店する人達は一種の上流社会に属する人達である。真の上流社会ではないが、少なくとも高学歴者であり、準エリート層であり、その人達が作業服を着るなんてあり得ない。一方アメリカはヨーロッパの中流から下流の人達の移民によってできた国なので、階級の無い（少ない）社会である。但し、最近は階級が表出されつつある事を理解しておく必要がある。そして日本は世界の中で、最も階級が無い国である。この日本の社会で生まれ育った人間が、ヨーロッパの階級社会を理解する事は難しいが、しっかりと頭の中に入れておく必要がある。

この様に、日本とヨーロッパとでは、展示会の位置付けは違う。そして、展示会の価値も下がりつつある。それでも展示会は中小企業にとって、自社をアピールする場としての価値はある。東京で行われる様な大きな展示会でも、地方自治体とタッグを組んで、たくさんの地方の中小企業が展示しているケースも多い。

しかし、展示会への出展費用は決して安くない。市場へのアピール方法は、ネットなどを有効に活用して行う事も可能である。写真や説明だけでなく、自社の製品を使った動画も有効であろう。その場合も、効果はすぐに出る事はないだろうが、地道に継続する事で、いつかはその効果が急激に発揮される事もあるだろう。展示会に何年も出展しているのであれば、ネットなどの活用も何年も継続する事が大事であるという事を、認識する必要がある。

第2章　納期管理

販売に関連する管理項目の中に、納期管理がある。自社製品の製造が見込生産の場合は納期が遅れる事は稀だが、受注生産の場合、納期管理は大変重要な管理項目である。注文頂いた製品が予定通りに顧客に納入されなければ、多大な迷惑を掛ける事になり、信用を失うだけでなく、場合によっては損害を与える事にもなりかねない。信用を失う事によるデメリットは大変重大で、最悪のケースでは注文が来なくなってしまう事もあり得る。

実際に、納期遅れまたは納期遵守率の情報を適時把握している中小企業の経営者はそれ程多くはないだろう。しっかりとした会社では納期遅れは殆ど発生せず、頻繁に管理する必要がない企業も少なからず存在する。またトヨタグループの様なＪＩＴを採用している業界では、納期遅れは許されない。しかし一方で、納期遅れを恒常的に発生させている企業も少なくない。

納期を守れない企業になってしまうと、注文主はリスク対策のために早めの納期を言ってくる様になる。そうなると、注文を受ける側はどの日が本当に必要な納期か把握できなくなり、どの注文を優先して製造すべきか分からなくなってしまう。その結果、より一層の混乱を製造現場にもたらし、納期の遅れが継続されるといった悪循環が繰り返される。そして当然の事であるが、顧客からの信用をより一層失い、最後は注文を出してもらえなくなる可能性もある。余程競争力がある製品を作っていない限りは……。

因みに、納期遅れを恒常的に発生させている企業は、取引上で不利な価格で販売する可能性が高くなる。逆に、競合他社より短期間で納入できる企業は、他社より少し高い金額でも売る事ができる可能性が高くなる。但し、納期を守るために品質が不十分な製品を製造&出荷してしまったら、かえって悪影響をもたらし、顧客からの信頼をより一層失うであろう。

納期遵守率の情報を得る際に考慮すべき点として、販売管理システムの機能を知る必要がある。そして業務の運用ルールも考える必要がある。

販売管理システムに入力したデータはいつでも変更できる。当然、受注時点での納期も変更できる。一流のシステムだと、変更の履歴を管理できるので問題ないが、安価なシステムだと、変更履歴を残せないシステムもある。この変更履歴を管理できないシステムを使っている場合には、実態を誤魔化す行為をチェックする方法はない。

またよくある話として、納期が遅れる事を得意先に連絡し、納期の変更を了承してもらえたら、システム内での納期を変更する場合がある。そうすると、システム上では納期が更新されているため、納期遅れにならない事になってしまう。

時には発注側の希望で納期が変わる場合もある。この様な場合は納期遅れとはみなされないが、システム上での運用は、自社都合での納期変更と得意先都合での納期変更とを区別する事はほぼ不可能であろう。これらの問題点も頭の片隅に入れておきながら、どの様に管理すべきか考える必要がある。

それで納期管理で管理すべき項目には、以下の項目が考えられる。

管理項目（ＫＰＩ）：数値データ

①製品別の納期遅れの発生数と納期遵守率
②顧客別の納期遅れの発生数と納期遵守率

分析・評価項目

③納期遅れの原因分析

Ⓐ製造時間が予定（予測）より長くなった

Ⓑ製造中に品質不良が発生した

Ⓒ仕入先からの部品（材料）の納品が遅れた

Ⓓ営業が無理な納期の注文を取ってきた

Ⓔ顧客からの仕様確定が遅れた

①製品別の納期遅れの発生数と納期遵守率

最初に把握すべき情報は、出荷総数に対する納期遅れの件数と納期遵守率の把握である。そして納期遅れの日数も併せて知っておく必要がある。業界や製品の特性にもよるが、1～2日の遅れと1週間の遅れとでは、その重みが違ってくる。

それから、この納期遅れが、特定の製品で発生しているのか、または自社の製品全般で発生しているのかによって、原因究明と解決策も違ってくる。そのためにも、全体の納期遅れと同時に、製品別（または製品グループ別）の納期遅れの数、または納期遵守率を把握する事が大変重要である。

②顧客別の納期遅れの発生数と納期遵守率

この納期遅れの実数及び納期遵守率については、顧客別にも把握する必要がある。特定の顧客に対してのみ納期遅れが発生しているのか、または特定の顧客とは関係なく発生しているのかを整理して把握する事も大事である。特に受注設計生産の企業で、特定の顧客からの注文に対して納期遅れが発生している場合、その問題は自社のみにあるのではなく、顧客側にも問題がある可能性がある。この様な事を導き出すためにも、顧客別の実態の把握も必要である。

③納期遅れの原因分析

納期遅れ、そして納期遵守率の実数を把握したら、次はその原因分析である。原因を分析し、問題点の解決に結びつけないと、同じ間違いを繰り返す事になるため、問題点の原因究明は大変重要である。

この原因の分析をする際に、原因の深掘りをする必要があるのだが、原因には表面的なモノと根本原因とが重なり合っている。そのため、原因究明が不十分であると、問題の本質に辿り着けず、問題の根本解決に至らない場合もある。

例えば、納期遅れの理由としてよく聞く言い訳に次の様な言葉がある。

- 元々無理な納期を得意先から求められた
- 営業が安易な納期を回答した
- 製造が遅れた
- 購入品の入荷が遅れた

しかし、これらは表面的な原因であり、これらをもっと深掘りする必要がある。

納期管理は対外的に重要である事は当然であるが、企業内の管理レベルの物差しでもあり、社内の管理体制を強化するためにも大変重要な要素である。納期管理が大事な理由は、納期管理の原因究明を行う事で、企業の様々な問題点が見えてくる事にあり、ある種の通信簿ともいえる。そのため、納期を守れない理由・原因を深掘りする事で、社内の根本的な問題点を表出させる事ができる。

それでは、納期を守れない一般的な理由を挙げてみよう。

Ⓐ製造時間が予定（予測）より長くなった
Ⓑ製造中に品質不良が発生した
Ⓒ仕入先からの部品（材料）の納品が遅れた
Ⓓ営業が無理な納期の注文を取ってきた

また受注設計生産の場合、次の原因も考えられる。

Ⓔ顧客からの仕様確定が遅れた

これらの理由・原因は、まだまだ表面的なモノであり、これらをもっと深掘りする必要がある。

Ⓐ製造時間が予定（予測）より長くなった

表面的な原因（言い訳）として、製造時間が予定より長くかかったといったケースが多い。しかしこれは結果であって、問題点を表していない。そもそも、計画自体の正確性が低い場合が殆どではないだろうか。不正確、または楽観的な計画に対して、結果が遅れたといっても、問題の解決にはならず、より一層の原因究明をする必要がある。

それで、この問題点の究明は、後続の〝生産管理〟の章で深掘りしていきたい。

Ⓑ製造中に品質不良が発生した

製造時間が予定より掛かってしまった原因の一つが品質問題であるが、納期遅れの原因の中でも重要な問題点の一つである。

製造の過程で品質のトラブルが発生する事はあり得る事であり、その原因は多岐にわたる。代表的な例として作業者の作業ミスや、設備の整備不良などがあるが、その原因は様々ある。この品質不良の問題も大変重要であり、これについては後続の〝品質管理〟の章で深掘りしていきたい。

Ⓒ仕入先からの部品（材料）の納入が遅れた

仕入先からの納入が遅れたという言葉も、よく使われる言い訳であろう。「言い訳」と言う理由は、仕入先からの納入遅れの原因の一部は自社にあるからであり、これについても原因の深掘りが必要である。また、仕入れた部品に品質の問題が発生する事も少なからずある。その結果が自社製造の遅れにつながる事も多々ある。それで、これらの仕入先からの納入品に関連する遅れについては、後続の〝購買管理〟の章で深掘りしていきたい。

Ⓓ営業が無理な納期の注文を取ってきた

日本の営業活動は、注文を取ってくる事が大変大事な事であり、その際にムリな納期で受注を取ってくる事も多く、注文が取れないよりは、多少納期にムリがあっても注文を取ってくる営業がエライとなる。これは企業によっては単純な組織間の力関係を表している場合もあり、営業側が製造側にムリを言ってくるケースが多い。しかしこれが続く事で、結果的にはマイナス面に動く場合もあり、可能な限りムリな納期を前提とした受注は避けたい。

一方で、顧客と自社との力関係で、顧客の希望納期を受け入れざるを得ない場合もある。また自社の立場がまだ確立されておらず、注文を取るために、希望納期を受け入れざるを得ない場合もあるだろう。また営業がええ格好しいで、安請け合いしてくる場合も少なくないだろう。

これらは決して小さな問題ではない。問題点も分かってはいるものの、中々解決できない問題であるが、例えば次の様な方策が考えられる。

- 納期に関する営業と製造側のコミュニケーションを頻繁に行う
- 自社の製造可能納期を顧客に丁寧に伝える習慣を付ける

などが営業側としてできるであろう。そして製造側としては、製造の継続的な効率化を進める必要があるが、こちらについては後続の〝生産管理〟の章で詳細を検討していきたい。

Ⓔ顧客からの仕様確定が遅れた

受注設計生産の場合、これが納期遅れの理由となる事が大変多い。納期だけが先に決まり、仕様の確定が遅れてしまうと、納期を守る事は大変難しくなる。近年、コンカレントエンジニアリングという言葉があり、仕様検討と設計を並行に行う手法が提唱されており、注文を受ける製造側でも対応する必要がある。しかし、仕様が固まらなければ、設計も確定できない事には変わりはない。それでこの問題を解決するために、次の方策を考える必要がある。

- 納期の設定は、仕様の確定予定日から算出する
- 仕様の遅れが発生した場合、営業が中心となって、自社の設計と顧客との進捗状況の情報共有を行い、必要な場合には納期の延長を顧客と調整する

第3章　生産管理

製造業にとって、生産管理は一番大事な管理項目であり、殆どのメーカは生産管理の重要性を理解しているであろう。製造メーカは常に良い製品を安く、そして適切なタイミングで製造する事が命題となっており、永遠の課題である。実際、企業規模の大小に関係なく、殆どの企業では生産管理領域で様々な問題を抱えている。その代表格が、生産管理が属人化している事であろう。しかし中小の製造業ではごく少人数の計画立案者に頼っている場合は良い方で、場当たり的な計画に基づいた生産をしている企業も少なくない。それで本書では、生産管理の属人化問題ではなく、生産の実態に関する情報の可視化と、分析・評価について、考えていきたい。

生産現場での製造を含めた生産管理に関する経営課題の重要性は、ほぼすべての経営者が認識していて、解決策を日々模索しているであろう。しかし、生産管理の課題は複雑であり、問題点の原因をかなり深く掘り下げる必要がある。また、生産・製造の中だけでは解決できない事も多く含まれており、営業や販売の仕方の販売管理や、購買管理領域も含めて取り組まなければならない課題である。

それで生産管理の領域として、次の管理項目を整理していきたい。

管理項目（ＫＰＩ）：数値データ

①生産能力と製造ＬＴ（リードタイム）の把握
②設備の稼働状況
③製造現場の人員の稼働状況（稼働率）
④製造時間、納期、数量の予実管理
⑤製造原価の予実管理
⑥品質不良数・不良率
⑦調達品の納期遵守率
⑧主要部材の在庫状況（推移）

分析・評価項目：

⑨製造遅れの原因分析と対策実施

Ⓐ生産計画時点での工数見積もりの甘さ

Ⓑ作業者の急な休暇などによる人員不足

Ⓒ製造の集中

Ⓓ作業者の力量不足

Ⓔボトルネック工程の存在

Ⓕ製造（加工）中の品質トラブル

Ⓖ製造設備のトラブル

Ⓗ出図の遅れ

Ⓘ調達品の納期遅れ

対応策：

⑩製造時間の予実差異の分析と標準作業時間の見直し

⑪継続的な製造効率向上への探求

①生産能力と製造ＬＴ（リードタイム）の把握

初歩的な基本情報として、経営者は自社工場の大まかな生産能力と主要製品の製造ＬＴを把握しておく必要がある。生産能力であれば、１ヵ月、１週間または１日当たり、どの程度の数量を製造する能力があるのかを把握しておく必要がある。この数値データは、工場全体で把握する場合もあれば、製品グループ別での把握、または個別の製品で把握する場合など、企業によって様々であろう。

同様に、製造ＬＴの把握も必須である。特に受注生産の場合は、受注時に、何日後に製造完了できるかを把握する事が必要である。また見込生産の場合でも製造ＬＴの把握は必須であり、適正な安全在庫の維持のためや、急遽増産する必要が発生した場合などにおいて、何日後に在庫を確保できるかを即答できる事が大変重要である。

②設備の稼働状況

少品種を大量生産している企業であれば設備の稼働率が１００％に近い状況であろうが、多品種少量生産をしている企業では、設備の稼働率が決して高くない製造業も多いだろう。特に受注生産を行っている中小の製造業においては、稼働率が50％に達していない設備をたくさん抱えているであろう。単純な話として、設備の稼働率が低ければ、その分製造コストは上がってしまう。そのため、経営者は稼働率を上げるための方策、例えば製品戦略などを常に考えながら、将来の設備投資も頭の片隅で考える必要がある。

③製造現場の人員の稼働状況（稼働率）

設備の稼働状況と同様に、製造現場の人員の稼働状況（稼働率）も把握する必要がある。製造現場の作業も色々あり、ラインやセル製造では人員数が製造能力と直結するので、人の稼働率（稼働状況）は把握し易い。しかし、機械加工が中心の現場では、機械の稼働を最大化するための人の配置や稼働が大事になってくる。この場合の人員の稼働率の把握は簡単ではないが、設備の稼働率の把握と併せて大変重要な管理項目である。

高度に自動化された製造現場であれば、人の配置は少なくて済むであろうが、加工品の脱着が必要な製造や、適時工程内検査を行う必要がある加工などでは、作業者が機械に張り付いている場合が多い。その場合、多能工化、または複数台持ちさせる事で、人員の稼働状況を上げる工夫が必要になってくる。この様な分析を行い改善策を施すためにも、まずは人員の稼働状況の把握が重要である。

④製造時間、納期、数量の予実管理

生産管理領域で大事な管理項目の一つに、製造時間の予実管理がある。製造時間が予定と変わりないか、製造が予定通りに終わっているか、そして製造数量に変わりはないかなど、次に記載する項目について適時確認する事が大事である。そして予実の差異が大きい場合、後述する原因究明を行い、最終的には問題の解決に結びつける必要がある。

- 製造時間
- 製造納期
- 製造数量

経営者はこれらの管理項目を毎日確認する必要はないが、生産管理担当者は日々確認する必要がある。そしてこれらの差異が小さければ、経営者がこの確認に費やす時間や頻度も少なくなってくるであろう。

以降の⑤～⑧の管理項目については後続の章で詳細を述べるため、ここでは簡単な紹介程度とする。

⑤製造原価の予実管理

製造原価の予実管理は、決して簡単な管理ではなく、実際にこの予実管理をしている中小企業は大変少ないであろう。原価の予実管理を行うためには、予定原価と実際原価の計算が必要であるが、予定原価とは、「この金額（コスト）で製造できると思う」の原価で、実際原価とは「実際に掛かったコスト」である。この中で予定原価の計算を行っている中小企業は少なくないだろうが、実際原価の計算となると、殆どの中小企業はできていないのが現状であろう。その理由は、実際原価の計算を行うためには実際の作業時間を記録する必要があり、それを行う事自体のハードルが大変高い事が要因である。

企業が発展し、継続的に収益を上げるためには、原価の予実管理を行える様になる事が大変重要である。原価の予実管理をしていないのに収益を上げられている企業はあるだろうが、それは偶々収益を上げられているだけであるといっても過言ではないだろう。

⑥品質不良数・不良率

生産管理領域において、品質不良の状況確認も大変重要な管理項目の一つである。〝品質不良〟といっても発生場所または発見場所によって様々な定義があり、詳細は後続の章で述べるが、品質不良の発生は様々な悪影響を及ぼす。例えば、製造途中で発見された品質不良によって、製造納期が遅れる事が起こり得る。そのためにも品質不良に関連する情報はしっかり記録し、原因究明を行い、そして再発防止に向けた取り組みを徹底する事が大変重要である。そして経営者はまずはその問題点の把握の入口である品質不良数・不良率などの品質不良に関する数値データを押さえておく必要がある。

⑦調達品の納期遵守率

製造の納期遅れの原因の一つに、調達品の納期遅れがある。仮に、社内での製造時間は予定通りできているとしても、調達品の納入が遅れる事で、製造納期に影響を及ぼす可能性がある。これも詳細は後続の章で述べるが、調達品の品質問題も含めて、恒常的に納期遅れが発生している調達品または仕入先や、重要部材の調達品の納期遵守率についても適時把握しておく必要がある。

⑧主要部材の在庫状況（推移）

これについても詳細は後続の章で述べるが、主要部材についての在庫状況も把握する必要がある。この場合の主要部材とは、主に調達納期または製造納期が長い部品や、単価が高い部品を指している。特に納期の長い部品は将来の生産計画に影響を与え、そして急な受注を受けた場合のボトルネックになる。そういった意味で、主要部材の在庫状況を適時把握しておく事も重要である。

ここまでは、生産管理領域においての重要な情報の把握について説明してきたが、ここからは、問題点の分析や評価について、深掘りしていきたい。

⑨製造遅れの原因分析と対策実施

製造に遅れが発生している場合、その原因の分析を行い、問題点の解決策を考える必要がある。この原因分析や解決策を考える仕事は製造の担当管理者の役割であるが、製造の遅れが恒常的に発生している場合や重大な遅れが発生した場合などでは、中小企業の経営者も原因分析や解決策の検討に関与する必要がある。そして、検討された解決策が実施されているかどうか、それから納期遅れなどの問題が改善されているかどうかについて、経営者は適時確認する必要がある。

製造の納期遅れの原因はたくさんあるが、その中でよくあるモノを幾つか挙げてみたい。

Ⓐ生産計画時点での工数見積もりの甘さ
Ⓑ作業者の急な休暇などによる人員不足
Ⓒ製造の集中
Ⓓ作業者の力量不足

Ⓔボトルネック工程の存在
Ⓕ製造（加工）中の品質トラブル
Ⓖ製造設備のトラブル

また生産管理・製造分野以外での原因には、次の項目が考えられる。

Ⓗ出図の遅れ
Ⓘ調達品の納期遅れ

Ⓐ生産計画時点での工数見積もりの甘さ
これは受注設計生産を行っている企業ではよく発生する問題であり、一番の頭痛の種であろう。今まで作った事がない部品や製品を作っている訳であり、当然経験はなく、正確な製造時間を見積もる事は大変難しい事である。しかし殆どの場合、類似品を作った事があるハズである。そこに、この問題の解決の糸口を見つけられるであろう。具体的には、過去の実績をシステム上で記録していれば、その情報を引き出して参考にする事ができる。そのための予実管理であるが、実績を記録していない企業では、過去の実績から学習する

事ができないため、予実管理の大事さの一つがここに現れる。

勿論、優秀な熟練者であれば、過去の経験が頭の中に入っていて、ほぼ正しい工数の見積もりができる人も居るだろう。しかし残念ながら、その様な人はごく少数である。企業には並レベルの人が運営できる仕組みが必要であり、熟練者に多くを頼る仕組みはあまりよろしくない。5～10年勤務の並レベルの人がムリなく仕事ができる仕組みを考え作るのが、経営者の仕事であろう。

Ⓑ作業者の急な休暇などによる人員不足

この課題はいつでも起こり得る事である。特に子供を抱える親にとって、子供の急な発熱などで、急に休まざるを得ない事は多々発生する。そのため、生産計画を作成する時点でこの様なリスクを考慮したモノにしておく必要があり、例えば多少余裕を持った計画を立案する事が考えられる。この様なリスクに対する対応、または計画の立案方針について、時には経営者が担当者と一緒に考える事も必要であろう。

Ⓒ製造の集中

注文が重なり、製造の負荷が一気に増大する事も時にはあるだろう。その場合、受注時の納期回答の仕方などにおいて、改善できる点は幾らでもある。例えば、製造の負荷状況によって製造ＬＴは変化するが、その最新の製造ＬＴを営業と共有していれば、この様な問題は回避できる可能性は高くなる。その場合、最新の製造ＬＴの情報が、常に社内で共有されているかどうかを、経営者は確認する事が大事である。

場合によってはこの情報が共有されているにもかかわらず、顧客からの強い要望から、営業が無理な納期で注文を取ってくる場合もあるだろう。この様な場合、受注、納期遵守の重要性、製造現場の負荷などについて、何を優先しどの様にバランスを保つべきか、経営者の判断が重要となるであろう。

Ⓓ作業者の力量不足

殆どの企業には、若手からベテランまで様々な経験を持った人間が集まっていて、当然若手は力量が足りていない場合もある。もし、製造の遅れの原因が若手の力量不足だと管理者が判断したら、それは若手の管理者、または経営者の責任である。人は失敗を重ねる事で進歩するモノであり、組織またはチームが若手をカバーし、育てながら仕事をするべキである。

それで、これについてもリスクを考慮した、多少余裕を持った計画を立案する事が必要である。そして、若手の作業者の教育、それから組織内のチームワークの在り方を考え直す事も大事であろう。

Ⓔボトルネック工程の存在

どの生産現場にも、ボトルネックとなる工程や設備は必ず存在する。現場が忙しくない時には気づかないかもしれないが、現場が忙しくなった時に表出されるため、普段はその存在に気が付かない場合もある。このボトルネック工程の存在が、工場の生産能力の限界であり、まずはそのボトルネック工程や設備の存在を把握する必要がある。そして、可能であれば事前にこの問題の解決方法を検討し、対応しておく必要がある。

但し、一つのボトルネックが解決したとしても、新たに別のボトルネックが生まれる事を理解しておく必要がある。そして、それらを適時解決する事で、常に工場全体の稼働率を向上させる事を考える必要がある。

Ⓕ製造（加工）中の品質トラブル

製造中での品質トラブルも製造遅延を発生させる原因の一つである。製造中に何等かの品質トラブルを発見した場合、製造を即刻止め、原因を調査する必要がある。その結果、製造が遅れてしまう事は、考え方によっては決して悪い事ではない。トヨタの生産方式からすると、ポカヨケであり、悪い製品を出荷するよりは良い事ではある。しかし、その結果製造の遅延は発生してしまう。

この不良の原因分析と対策実施については後続の章でも詳細を述べるが、製造中の品質トラブルへの対応は、生産管理の範疇であり、その原因究明と対策は、品質管理部の支援を受けながら、生産管理の中で行う必要がある。

Ⓖ製造設備のトラブル

製造設備のトラブルが頻繁に発生する場合は、その原因究明をする必要がある。例えば定期的なメンテナンスが不十分であったり、操作ミスによって設備が故障する場合など、様々な原因が考えられる。経営者はこれらがしっかりと分析され、対策が練られているのかを確認する必要がある。

また設備のトラブルが稀に発生する場合であっても、その影響が長期的に及ぶ場合もある。その様な場合、定期的な設備のメンテナンスが行われていたのかを確認する事も重要であろう。

そして、もしこの問題の原因が設備の老朽化である場合、設備の刷新を経営判断として下す必要もあるだろう。

Ⓗ出図の遅れ

納期管理の章でも少し触れたが、受注後に設計を行う製造の場合、出図が遅れるケースが多々ある。その原因の一つが顧客からの製品仕様確定の遅延なのだが、製品仕様が予定通りに確定していたとしても、自社内での設計の遅延は少なくない。最悪な場合、出図が終わらないと、部材の調達すらできないケースもある。出図の遅延の原因が何処にあるにせよ、出図が遅れたら製造も必然的に遅れてしまう。

設計業務の管理は大変重要ではあるが、この業務の管理を成功させている業界または企業はほぼ皆無であろう。設計を広義に捉えると、コンピューター関連、建築関連、そして自動車業界など、様々な分野で行われている業務であり、どの業界でもこの管理については苦労している。しかし、一部の企業や業界では納期を自社で決められる場合もあるが、中小の製造業では、納期の決定は顧客側が握っている場合が殆どであろう。そういった面でも、中小の製造業での出図の遅れは致命的である。

これを多少なりとも解決する方法としては、設計時間の予実管理を行う事であろう。実際の経験値をためておく事で、新しい設計の予測の精度も高まるであろう。それから、設計工数（時間）、または製造時間に、多少なりとも余裕を持たせる事も必要であろう。

①調達品の納期遅れ

製造納期の遅れの原因が調達品の納期遅れだとしても、それは単なる表面的な問題であり、問題の本質には到達していない。例えば、その遅れの原因は発注側にあるのか、または調達先にあるのかを整理する必要がある。詳細は後続の章で述べるが、自社と顧客との関係と同じ様に、無理な納期を押し付けている場合もあれば、受注設計製造の場合、出図が遅れる事もあり得る。それらの根本原因を突き止めた後に、その対処方法を考える必要がある。

ここからは、対応策について考えていきたい。

⑩製造時間の予実差異の分析と標準作業時間の見直し

製造納期が間に合っていたとしても、製造時間の予実管理は大変重要な管理項目である。特に製造の実績時間を把握する事は、標準製造時間の見直しに活用するだけでなく、後続の章で述べる原価管理の原資として使うため、大変重要な情報である。

製造時間の予実差異の原因には、直前に述べた様な問題が原因である場合もあるが、ここでは原因追及ではなく、標準時間の見直しについて触れたい。これはこれといった遅れを誘発する原因がない状態で、実際の製造時間と予定の製造時間との差異があるのかどうかを確認する事にある。そして実際の製造時間が適切と判断されれば、標準製造時間を見直す事になる。一般的に製造は経験を重ねる事で効率よく製造できる様になり（ラーニングカーブ）、製造時間が短くなる傾向にある。もし実際の製造時間がばらつく様であれば、またはいつまで経ってもラーニングカーブを描けない様であれば、その原因の究明が必要になる。

経営者が行う事は、必ずしもこれらの細かい分析ではない。管理すべき事は、製造時間の予実の差異が少ないかどうか、そしてラーニングカーブが適切にでているかどうかの定期的な確認である。そして、製造・生産の管理者を支援する事である。これができる企業とできない企業では、企業の収益性や発展に大きな差が出るであろう。

⑪継続的な製造効率向上への探求

製造時間の予実差異を確認した後は、継続的な製造効率の向上への取り組みである。当たり前であるが、製造効率の向上は、自社の技術力の向上であり、そして収益の向上でもある。そのため、この製造効率の向上に向けた活動は日々行う必要がある。

中小企業の経営者のこれについての取り組みは、製造効率の向上に向けた取り組みを率先する事よりも、この活動を常に行う雰囲気・意識作りの醸成であろう。雰囲気や意識を醸成できれば、従業員は能動的に行ってくれる。これ以外の管理項目も同じであるが、改善に向けた雰囲気・意識作りが一番大事であろう。

第4章　原価管理

原価管理は企業活動において大変重要な管理項目であるが、中小の製造業の中で、この原価管理を行っている企業は決して多くないであろう。その大きな理由は、原価管理をしなくても、会社は製品を製造し、販売する事ができるからである。別に原価管理をしなくても、資金繰りさえできていれば、会社は潰れないし、法的な会計報告書の作成にも影響はない。しかし原価管理はその他の管理項目同様に、大変重要な管理項目の一つであり、これを行わなければ企業を継続的に発展し存続させる事は大変難しいと言っても過言ではないだろう。別の言い方をすれば、中小企業が飛躍するためには必須の管理項目と断言できる。

財務会計では会社全体の収益を見る事はできるが、残念ながら製品個別の収益を見る事はできない。そのためには原価管理を行う事で、製品別の収益の実績を把握する必要がある。自社が製造している製品の実際の製造原価を把握できていないと売価との比較ができず、実際はどれくらい利益をあげているのかを把握する事は不可能である。

原価管理といっても解釈は色々あり、企業によっては原価計算をしていると言っても、実は標準（予定）原価の計算をしているだけの企業も少なくない。この標準（予定）原価の計算をどれだけやっていてもたいした意味はなく、本来行うべき事は、実際原価計算であり、標準（予定）原価と実際原価との対比である。そういった意味で、原価管理は決して簡単にできる管理ではない。

それで原価管理領域で管理すべき項目として、次の項目が考えられる。

管理項目（ＫＰＩ）：数値データ

①予定（標準）原価

②実際原価と予実差異

分析・評価項目：

③予定原価と実際原価との乖離原因の深掘り

Ⓐ製造時間の違い

Ⓑ原材料の価格変化
Ⓒ原料の投入量の違い（プロセス製造）
④原価削減のための製品設計を含めた製造方法の見直し
Ⓓ部材の調達先の見直しなどによる改善
Ⓔ製造方法の見直しによる改善
Ⓕ設計の見直しによる改善

対応策：
⑤予定（標準）原価と販売価格の見直し

①予定（標準）原価

原価管理には残念ながら正解はない。生産管理、品質管理、または販売管理などでは、〝正解〟または〝凡そ正しいやり方〟があるが、原価管理には残念ながらそれがない。原価管理は単純な四則演算のハズだが、その計算方法が各社各様であり、適切な教科書が存在しないのである。存在するのは、表面的で基礎的な文献のみで、原価管理を行う際に本当に必要な様々なノウハウを記載した文献を見た事がない。要するに、参考となる教科書がなく、細かいノウハウを紹介した文献も無い事が、原価管理を行えていない要因となっていると言える。

原価計算の計算式は、原材料費＋加工費＋人件費であり、計算式そのモノは至って単純である。その中で、原材料費は単純に求められるが、機械加工費や人件費の算出はそれ程単純ではなく、これについて適切なノウハウを記載した文献がないのである。その理由は、原材料に単価がある様に、加工費や人件費にも時間単価を計算する必要があるのだが、その時間単価の算出方法を指南した文献がないのが現状である。

例えば、ある作業者の雇用費用（給料など）を時間当たりに換算すると2000円だとする。その作業者が製造に直接関わっている作業時間が、1日の8時間の労働時間の内7時間で、残りの1時間は事務処理をしているとする。この場合、原価管理に使う作業者の時間単価は2000円とするのか、または2000×8÷7とするのか……。

仮に人件費を2000円として計算する場合、一般的には残りの2000円×1時間分を何等かの形で配布する必要があると思われる。しかしこの場合、景気が後退し、人及び設備の稼働率が下がる場合や、または景気が良くなり残業をしている場合があると、もっと複雑になってくる。しかし残念ながら、これを的確に指南している文献が見当たらない。

別の例として、減価償却済の機械Aと、Aの2倍の能力を持つ機械Bを新たに導入したとする。これらの機械を使用して製造する場合、これらの加工単価はどうすべきだろうか？　機械Aを使用した場合は、原価償却が終わっているのでその分は単価0円にし、機械Bを使用した場合には、償却費を付加するのだろうか？　しかしこの様な計算をしてしまうと原価分析にならないため、機械Aにも多少の加工単価を設定する必要があるだろうが、これについても指南してくれる文献は見当たらない。

この作業者の直接労働時間と機械AとBの例はまだ単純なモノであり、実際はもっと複雑であるが、その場合にどうするのかは、現状各社各様になっているであろう。想像ではあるが、原価計算のための時間単価の設定は、会計士と相談しながら決めているのではないだろうか？　そして時間単価の算出のみならず、各社各様の原価計算と管理方法を行っているために、パッケージソフトの導入が難しくなっている。先にも述べた様に原価管理には〝絶対的な正解〟はなく、多少アバウトでも問題はない。それで自社の独自の計算方法に拘るのではなく、ある程度はパッケージソフトができる事を活用し、分析及び改善策を考える事に時間を割くべきであろう。

前置きが長くなったが、原価管理の出発点として、何等かの形で作業者の単価と加工費の単価を計算し、製品別の予定（標準）原価を計算する事が大事である。

余談だが、一部の大企業では、生産工場側での製品原価と販売組織側での製品原価を分けて管理している企業もある。これは、工場単位で採算性を見るための方策であるのだが、工場側での製造原価に工場側の管理費や若干の利益を足して、工場側の販売原価とし、販売（営業）側では形の上ではこの工場原価で製品を購入し、そこに販売管理費を乗せて、販売原価として管理をしている。

因みに、この工場原価や販売原価の考え方を進化させたモノが京セラで採用しているアメーバ経営であろう。原価と利益の採算管理を工場単位ではなく、もっと小規模に分類した部門単位での採算管理を行っているのがアメーバ経営である。このアメーバ経営の採用は簡単ではないが、中小企業でも参考にしてみる価値はあるだろう。

②実際原価と予実差異

実際原価の計算では、予定原価の計算の時に設定した作業者の時間単価と加工単価を使って、実際の製造で掛かった時間を掛け合わせて計算する。この場合、調達品の単価も予定原価と同じ単価を使うのが一般的であるが、調達品を都度発注している様な製造の場合は、その都度掛かった費用を使う場合もある。そしてこれらの情報を元に実際に掛かった製造コスト（実際原価）を計算していく。

そして予定原価と実際原価の情報を元に、原価の予実を比較する事が大変大事である。今まで実際原価管理を行ってこなかった企業にとって、この原価の予実差異を見る事で、大きな発見があるだろう。予定と実際の原価の乖離が少ない企業は殆どなく、多くの企業ではかなりの乖離があるだろう。そしてこの情報を得た事で、原価管理の本題である次のステップを行う事になる。

因みに実際原価を管理するためには、作業時間や使用した部材の数量データを記録する仕組みと、データを登録するシステムが必要である。企業の規模が小さければこれらをエクセル等で管理できるかもしれないが、本来はしっかりとした生産管理システムの中で行う必要がある。しかし、安価な生産管理システムでは実際原価管理を十分にできないシステムも存在する。そのため、生産管理システムを導入する際には、原価の予実管理ができる、または実際の作業工数を登録できるシステムを選択する必要があるだろう。

③予定原価と実際原価との乖離原因の深掘り

生産管理の章では、製造が遅れた原因を深掘りし、その中で様々なトラブルの発生による遅延を指摘したが、ここではトラブルが無い状態を前提として話を進めたい。

Ⓐ製造時間の違い：

この場合、まず注意すべき点として次の項目がある。

- 時間の乖離は、実際の時間が減少傾向にあるのか
- 時間の乖離は、実際の時間が増加傾向にあるのか
- 時間の乖離は、バラツキがあるのか

実際の作業時間が減少傾向にある場合、これはラーニングカーブの現れと考えていいだろう。しかし、製造時間が増加傾向、または時間差にバラツキがある場合は要注意である。一般的に作業時間が長くなる事は殆どないが、もし現実に発生しているのであれば、バラツク場合同様にこの原因を調査し、問題の根本原因を把握する事が大変重要である。

実際に作業する人が毎回違う場合、実績がバラツク事もあり得るが、その場合であっても、経験値を社内で共有していないという問題点と、なぜ作業者を毎回変える必要があるのかといった管理上の問題点が考えられる。勿論、同じ作業者であるにもかかわらずバラツク場合には、治具やツールの問題、または記録方法などに問題点がないかを調査・分析する必要がある。これらはごく一例ではあるが、この様に分析して問題点を表出させ、解決する事が大事である。

Ⓑ**原材料の価格変化**：

頻繁ではないが、原材料の価格が変動する事もあり得る。そして価格の変動が続く場合、単価の見直しも定期的に行う必要がある。余談だが、価格が上昇傾向にあるならば、場合によっては原材料の在庫を積み増す事も考える必要がある。但し、この場合は在庫の保管費用の考慮も必要であろう。

Ⓒ原料の投入量の違い（プロセス製造）：

プロセス製造の場合、原料の投入量が変わる事が組立や加工製造よりは発生し易い。そのため、特に製造開始初期の段階では、予定と実際の差を把握する必要がある。そして、投入量にバラツキがある場合、そのバラツキを抑制できる方法を考える必要があるだろう。そしてこちらの場合も投入量が予定とは違う傾向が続く場合、投入数量の見直しも定期的に行う必要がある。

④原価削減のための製品設計を含めた製造方法の見直し

原価管理において、最終的に目指すべき事は、製造原価の削減に向けた方策の検討と実施である。そして適切な利益の確保である。大企業の経営管理者であれば、この製造原価の削減に向けた方策の検討に直接携わる必要はないだろうが、中小企業の経営者であれば、多少なりとも関与する必要があるだろう。少なくとも担当責任者が、これを実施している事を確認し、時にはその状況を知っておく必要がある。

それで原価削減のために考えられる主な方策を、簡単に述べたい。

Ⓓ部材の調達先の見直しなどによる改善

一つ目の改善方法は安直な方法ではあるが、より安価な単価の部材を得るために、調達先を変更する事が考えられる。また後続の章でも触れるが、仕入先が加工を依頼している企業であれば、その仕入先を教育する事でコストを削減する方法も考える必要がある。

Ⓔ製造方法の見直しによる改善

製造コストを削減するために、第一に考える必要がある方法が、製造方法の見直しによる製造コスト、即ち製造時間の短縮である。例えば、便利なツール（治具）を作ることによる製造工程や段取り時間の短縮は、様々な企業で試行錯誤されているであろう。

Ⓕ設計の見直しによる改善：

製品の一部の設計を見直す事で、製造コストの削減を目指す事も時には必要になる。この場合、加工や組立をし易く改善した設計や、使用する材料の変更もあり得るだろう。この様に、品質を維持しながら設計の改善も、常に行う必要がある。

⑤予定（標準）原価と販売価格の見直し

これらの数値データの把握と分析や評価を行った後、予定（標準）原価の見直しと販売価格の見直しを行う必要がある。もし実際原価が安定的に減少傾向にあれば、予定（標準）原価を下げる必要がある。逆に、実際原価が予定（標準）原価より常に高い場合も、予定（標準）原価を修正する必要があるだろう。これらの場合、問題になるのは販売価格をどうするかである。

実際原価が予定（標準）原価より高い場合、利益が少なくなり、経営的には良くない状況である。原材料費の高騰などが理由であれば、得意先もある程度納得してもらえるだろうが、加工費の予定と実際が違う場合の差異であれば、得意先の了解を得る事は簡単ではない。そのためにも、最初の予定（標準）原価の計算時には最大の注意を払う必要がある事は言うまでもないだろう。

第5章　品質管理

生産管理における問題点を深掘りしていくと、品質に関する問題に必ず行き当たる。そのため、品質管理は生産管理に次いで重要な管理項目と言っても過言ではないだろう。しかし残念ながら、品質管理をおざなりに行っている企業が多いのではないだろうか。中小企業のみならず、大企業でも品質管理を十分に行っておらず、時々品質に関する不祥事が世間を賑わしている事が、その現れであろう。そもそも品質管理はＱＣ（Quality Control）の日本語訳であるが、"Control"の意味は、制御・監視などの作業や処理の意味合いが強い。しかし本来行うべき品質管理はＱＭ（Quality Management）の方で、本来の意味での〝管理〟または〝統制管理〟、そして〝経営管理〟的な意味合いでの活動が必要である。これが意味する所は、単に品質検査を行い、記録し、製品の品質を維持するだけでなく、品質の維持・向上を図るためにどうすべきか、品質トラブルを発生させないために会社の資源をどう活用するか、などといったマネージメントの要素を入れ込んでいく活動である事を知っておく必要がある。

例えば製造途中で不良品が発生すると、製造における様々な問題を誘発してしまうのだが、単にその製造品の納期が遅れるという事だけでなく、製造計画全体が狂ってしまい、他の製造納期にも影響を及ぼしてしまう。そしてそれだけでなく、製造コストが余計に掛かってしまう。この単純な例でも分かる様に、不良が一つ発生しただけで、製造全体に悪影響を及ぼしてしまうため、工場全体のマネージメント的な要素が必要である。

また、出荷後に不良が発覚すると、製品によっては納入先に出向き、修理などの作業を行う必要がある。また場合によっては自社に持ち帰り、加工や組立などの修繕作業を行い、再出荷する事もある。この様な作業を行った場合、自社の人員や設備がこれらの作業に取られてしまい、通常の製造がストップする事もあり得る。

この様に、不良が発生すると、多大な損害を与えてしまう。そのためにも不良はできるだけゼロに近づける努力を日々行う必要があり、そのためにしっかりとした管理が必要である。

品質問題の発見は、大きく分けると、製造途中での不具合発見、出荷前検査時の不具合発見、出荷後の初期不良、そして保証期間中の不良発見の四種類がある。

管理項目（ＫＰＩ）：製造途中での品質トラブル及び出荷前検査での品質不良に関する数値データ

①品質トラブル発生数
②品質トラブル発生による追加コスト
③出荷前検査時での不良発生数と不良率
④出荷前検査時での不良発生数による追加コスト

管理項目（ＫＰＩ）：出荷後の不良に関する数値データ

⑤初期不良数（率）
⑥初期不良発生時の追加コスト
⑦保証期間中に発生した不良数（率）
⑧保証期間中に発生した不良による追加コスト

分析・評価項目：

⑨品質不良の原因分析

①品質トラブル発生数

製造途中及び出荷前検査で見つかった不良は、出荷後に見つかった不良と比べて決して悪い事ではないが、それでもこれらの不良もできるだけ削減したい。そのためにも、まずは実態を数値として把握する事が必要である。

しかし、そもそも中小の製造業では、この製造途中での不具合を記録している企業は少ないのではないだろうか。もしそうだとしたら、この情報を記録する事から始める必要がある。そしてこの情報の記録を習慣付け、後で述べる分析を定期的に行う事が大事である。

製造途中で見つかった品質不具合が、具体的に何処で見つかったのかも把握する必要がある。例えば品質不良が発生した工程を把握するだけでなく、それが作業（加工）中で見つかったのか、それとも作業（加工）の次工程で見つかったのか、なども知る事も大変重要である。その理由は、品質不良を製造途中で見つけられる方が、よりダメージが少なくて済むからである。そして次工程で見つかった場合、なぜ作業（加工）中に見つけられなかったのかなどを分析する必要がある。

②品質トラブル発生による追加コスト

製造途中での不具合の発生数を記録できたら、次はこの不具合の修正のために費やした作業時間や、新たな部材を投入した場合の追加費用の計算である。この情報の収集及び計算も、中小製造業ではハードルが高いであろうが、経営者として、そして現場作業者として知るべき情報である。

この①と②の情報は、単純な発生数の合計のみを見るだけではなく、様々な角度で分析できる様な情報の集計ができる事が望ましい。例えば、次の様な集計ができる事が望まれる。

Ⓐ加工品別での集計
Ⓑ設備や機械別、または工程別での集計
Ⓒ作業者別での集計

これ以降の③〜⑧の情報は、基本的には次のⒹとⒺの集計を行う事から始められる。その後、前出のⒶからⒸに関しての分析・評価を行い、不良の発生場所の調査・特定を行っていく必要がある。

③出荷前検査時での不良発生数と不良率

出荷前検査は多くの企業で行っているであろう。企業によっては全品検査を行う場合もあるだろうが、サンプル検査を行っている企業（業種）も多い。そしてこの出荷前検査で発見した不良についての数量と、不良率のデータを把握する事も、経営者として大変大事である。ここではでき上がった製品の検査であるため、出荷予定の母数に対して、何個の不良品が存在しているのか、把握する事も重要である。

Ⓓ製品または製品グループ別での集計
Ⓔ顧客別の集計

④出荷前検査時での不良発生数による追加コスト

出荷前検査時に不良が見つかった場合も同様に、その製品の問題を修正するために行った追加加工や部品の交換、そして追加の作業時間などの費用を計算し、共有する事も大変重要である。

⑤初期不良数（率）

出荷後の不良は、大きく分けて二種類ある。一つ目は初期不良で、顧客が使用し始めて直ぐに発生（判明）した不良である。もう一つは製品の保証期間中に発生した不良であり、電化製品であればおおむね1年程度、自動車であれば3年程度、住宅であれば5〜10年程度の期間に発生した不良である。

この初期不良は、本来出荷前検査で見つけていなければならない不良である。そういった意味で、この初期不良の発生は、出荷前検査の評価とも考えられる。出荷後の不良はゼロに近づける事が望まれ、特に初期不良については、限りなくゼロにしたい。そして、初期不良数の把握と同時に、出荷数に対する初期不良率の把握も重要である。

⑥初期不良発生時の追加コスト

初期不良が発生した場合、多くの企業（業界）では、製品の交換、または無償修理を行っている。製品の価格が高くない場合は、販売した製品を交換する場合が多く、この場合の初期不良時の追加コストは交換した製品の価格と、事務処理などが追加のコストとなる。

単価が高い製品の場合は、製品を交換する場合と修理を施して再出荷する場合の二通りがあるだろう。この場合の追加コストは、交換した製品の価格と事務処理など、または修理に必要なコスト及び、事務費用などとなる。

また受注設計生産している場合は、交換できる製品はないので、製品を自社に戻して、修理を施し、再出荷する事になるであろう。この様な場合も、修理に掛けた費用を記録する必要がある。

この様に、製造途中で発見された不具合や出荷前検査で発見された不良と同様に、初期不良による追加コストを金額で共有する事で、事の重大さが明確になる。そしてこのコストが利益を圧迫している事を社員に理解させる事が大事である。

⑦保証期間中に発生した不良数（率）

保証期間中に発生した不良数については、これも通常無償で対応する必要がある。先に述べた様に、業界や製品によって、保証期間は違うが、1年前後の業界が多いのではないだろうか。この保証期間中に不良が発見された場合も同様に、その発生件数を把握する必要がある。

⑧保証期間中に発生した不良による追加コスト

保証期間中に不良が発見された場合も同様に、製品交換や修理に掛かる費用を把握する必要がある。これも初期不良時の対応と同様に、交換する場合もあれば、引き取って修理する場合もあるだろう。また、顧客からの連絡を受けたら、現地に赴いて状況を確認する場合もあるだろうが、その出張費用も追加コストとして計上する必要がある。

また業界によっては、損害を支払う必要がある業界も多少存在する。勿論、このケースについての金額も、当然追加コストとして把握する必要がある。

⑨品質不良の原因分析

不良発生の原因分析ができなければ、当然対策もとれない。そのため、しっかりとした原因分析と、適切な解決策の検討及び実施が必要である。そこで最初に行う事は、これまで説明してきた情報の集計である。

Ⓕ前出のⒶ～Ⓔの分析を、マトリックスに集計・分析：

例えば、特定の設備での品質トラブルの発生が多い場合、それがその設備を使う多くの部品に共通しているのか、または特定の部品のみで発生しているのか、などを分析・評価する必要がある。

そして次に行う事は、原因究明である。ここでは一般的な不良発生の原因の例を挙げてみたい。発生の原因が特定できれば、その対策の検討はそれ程難しくはないだろう。

Ⓖ組立製造での例：
- 作業者の力量不足
- 組立時の作業ミス
- 組立の補助装置・器具の不具合

Ⓗ加工製造での例：
- 作業者の力量不足
- 加工設備（機械）の不備
- 加工設備（機械）のツールの摩耗
- 加工設備（機械）の操作ミス

■加工設備（機械）のプログラム不備

そして最後に行う事は不良発生の原因に対する対策（再発防止策）の検討になるのだが、経営管理者が行う事は、この不良発生の分析及び対策（再発防止策）が検討され、そしてその対策が実行されているかどうかをチェックする事にある。もし対策の効果が出ていれば、不良の発生数量は減っているハズである。もし不良数が減っていなければ、原因分析または対策が不十分であり、それを担当者に指摘するか、または一緒に考える事が必要となる。

第6章　購買管理

購買管理（仕入先管理）には三つの要素がある。一つ目は購入品を適切な数量を適切なタイミングで購入する事にあり、購入品の発注及び入荷が予定通り実現できているかどうかの管理で、前出の生産管理と後出の在庫管理とは密接な関係にある活動である。二つ目は、購入先の変更も含めた購入品の見直しや、購入活動の改善である。例えば購入品を共通化する事で、在庫管理項目を減らすと同時に在庫数量を減らすといった様な活動である。

そして最後の三つ目は、購入先の評価であるが、場合によっては教育や指導を行う活動である。この三つ目の要素を行っている中小企業は少なく、余程余力がないとできない管理であり、どちらかというと中小企業の多くは管理される側になっている方が多いであろう。そこでここでは一つ目の購入品の調達に関する管理を中心に述べていきたい。

調達品といっても様々ある。一つは原材料などで、購入後に自社で加工を施す必要がある物や、汎用品といわれる他社でも使われる部材、そして自社の使用・用途に合わせて加工が施されている部材など、様々である。また違う切り口での分類として、製造品に直接使われる原材料や部品、一般的にボルトやネジ類といわれる使う数量や在庫数を細かく管理しない材料、そして製品には使われないが製造過程で必要な間接材など、色々な種類分けがされている。それでここからは、製造に直接使われる調達品を念頭において話を進めたい。

自社製品の出荷が遅れる事がある様に、調達先からの納入が遅れる事も多々あるだろう。購入品の管理では、自社製品の出荷の納期管理を、発注側の立場として行う管理と同じになる。

管理項目（ＫＰＩ）：数値データ

①購入先別の購入品の納入遅れの発生数と納期遵守率
②購入先別の購入品の不良数と不良率
③購入品の価格推移

分析・評価項目：
④購入品の納期遅れによる自社の製造完了遅れの数（割合）
⑤購入品の納期遅れの原因分析と対策検討（自社に問題がある場合）
⑥購入品の不良による自社の製造完了遅れの数（割合）
⑦購入品の不良の原因分析と対策検討（自社に問題がある場合）
⑧購入先の評価

対応策：
⑨その他の改善項目

①購入先別の購入品の納入遅れの発生数と納期遵守率

自社製品の出荷の納期管理同様に、購入品の納期管理も重要な管理業務であり、購入先別に購入品の納入遅れの件数と、納期遵守率を管理、集計する事が必要である。そして、経営管理者はこの情報をいつでも確認できる状態である事が望まれる。

②購入先別の購入品の不良数と不良率

購入品の不良数と不良率を購入先別に管理、集計する事も必要である。因みに、購入品の不良は、主に2箇所で発見できる。一つは自社内での製造、または組付け時に発見する事ができる。

もう一つは受け入れ検査時に発見する事が可能である。もし受け入れ検査を行っている企業で、製造途中で不良を発見する事がある場合、受け入れ検査に問題点がある可能性がある事を考慮する必要もある。この様なケースが時々発生する場合は、受け入れ検査のあり方を分析し、改善する必要があるだろう。

③購入品の価格推移

購買の担当者は購入品の価格推移に常に目を光らせておく必要があるが、経営者レベルとなると、ここまで管理する必要はないであろうが、製品の価格に大きく影響を及ぼす様な高価な購入品については、適時把握しておく必要があるだろう。パソコンメーカで例えれば、CPUやメモリーの価格変動には常に目を光らせておく必要があるのと同じと言える。

④購入品の納期遅れによる自社の製造完了遅れの数（割合）

購入品に納入遅れが発生した場合、それが自社の製造開始または、製造完了にどの程度の影響を及ぼしているのか、分析する必要がある。購入品の納入遅延が、購入品の何パーセントあり、その内何パーセントが製造開始に影響を与え、そしてその内何パーセントが製造完了に影響を及ぼしたのかを調査し、分析する事が必要である。多くの企業では調達LTに余裕を持っておらず、購入品の納入遅れが直接製造の遅れに直結しているケースが多くみられる。

一方、購入品の納入遅れが自社の製造の遅れに影響していないケースもあるだろうが、もし影響を受けない場合、その理由も把握する事が必要である。例えば、特定の購入品の納入遅れを見越して、あらかじめ余裕を持たせていたのか、製造側でやり繰りしたのか、または在庫を保有しているのか、等々も掌握しておく事が大事である。
このレベルの管理も企業経営者が日常的に行う必要はないだろうが、担当の管理者が適時分析し、把握する事が必要である。

⑤購入品の納期遅れの原因分析と対策検討（自社に問題がある場合）

購入品の納期遅れの発生の原因は、自社製品の出荷の際に発生している納期遅れの原因とほぼ同じである。納期管理の章では納期を守れない五つの一般的な理由を挙げたが、その中で自社に原因の一端があるモノとして、次の二つがあるが、これらの内容については、納期管理の章を参照頂きたい。また納入遅れが恒常化していてその原因が次の二つ以外の場合、購入先を変えるという方法もあるだろう。

Ⓐ自社の希望納期を押し付けていた
Ⓑ図面の提示（仕様の確定）が遅れた

よく有る話として、仕入先には自社都合の希望納期を伝えただけで、仕入先からの精査された納期回答を得ていないケースが少なからずある。例えばこの様な会話はないだろうか？

「(購買担当者) ｘｘ日までに納品してほしいのだけど……」
「(仕入先) ちょっと難しいですね……」
「(購買担当者) なんとかなりませんか？　何としてもｘｘ日までに必要なのですが、何とかお願いします」
「(仕入先) 努力してみます」

簡素化して表現したが、この様なやり取りは購買時に頻繁にある事を、経営者は留意する必要がある。

情けない話として、自社で把握している調達ＬＴが間違っている事によって、購入品が予定（希望）通りに入って来ない場合もある。ＭＲＰ（資材所要量計画）を行うシステムを使っているのであれば、ＭＲＰにて所要量と発注タイミングを計算してくれる。しかし、システムで設定している調達LTが間違っていたら、物品が予定通りには入荷しないのは当然であり、意外とこのデータのメンテナンスをしっかり行えていない企業も少なからず存在する。この点についても担当者や経営者は注意が必要である。

また自社に原因の一端が無い場合でも、次の様な原因がある場合は、それらも把握する必要がある。その中で、三つ目の理由が原因である場合、何等かの支援を行う事も必要であろう。

- 原材料の需要が逼迫していて、納期が遅れる
- 外注が忙しくて納期が遅れる
- 外注の管理レベルが低く、納期を守れない

⑥購入品の不良による自社の製造完了遅れの数（割合）

これも前出の④とほぼ同じで、購入品の不良のために、製造の開始または完了の遅延が

あったかどうかの分析である。この購入品の不良の方が、納期の遅延より影響が大きい事は明白であろう。一般的には、多少の納入遅延を吸収できる程度の製造の余裕を持つ事はできるが、内製の時と同様に、不良が発生する事を想定した製造計画の予定は組めない。そのため、購入品の不良は、自社の製造、そして顧客への納入遅延を起こす事になり、大変重大な問題である。それで、購入品の不良による自社製品の製造遅延の数、そして、自社製品の製造遅延全体に対する割合を分析し、把握する事も重要である。

⑦購入品の不良の原因分析と対策検討（自社に問題がある場合）

稀ではあるが、購入品の不良の原因が自社側にある場合もあり得る。自社が設計する部品を製造する場合に発生する可能性があるが、特に初回の製造時において起こる可能性が高い。そしてもしこの自社設計品の品質不良が頻繁に起こる様であれば、内製の場合と同様に、設計に問題がある可能性もある。この場合も同様に、自社の設計部門と協力して、設計の改善または加工方法の改善に取り組む必要がある。

勿論、購入先の力量不足が原因の場合の方が多いだろう。その場合は、自社内での不良発生と同様な課題がある事が想定されるため、場合によっては改善活動を指導する事も考える必要があるだろう。

⑧購入先の評価

これらの購入品に関する情報や分析を総合した結果、二つ目の管理項目である購入先の評価を定期的に行う必要がある。通常は購買担当者が評価を実施するが、中小企業の経営者は担当者の評価を聞くだけでなく、時には一緒に評価をする事も必要であろう。そして評価項目には次の様な項目が考えられる。

評価項目

- 納期遵守率
- 品質
- 価格
- 原価低減への貢献度

■自社にとっての仕入先の依存度
■仕入先にとっての自社依存度（想定）

評価項目として、納期遵守率や品質については十分述べた。また価格については、複数の仕入先から購入できる場合、評価の対象とする必要があるだろう。

原価低減への貢献度も重要であるが、過ぎたるは猶及ばざるが如しであり、行き過ぎた原価低減の依頼は慎むべきである。因みに、２０２２年の『日本経済新聞』に、建設機械で有名なコマツの元ＣＥＯの「私の履歴書」が連載されていたのだが、その中で、毎年実施していた定率の原価低減要求を取りやめたとの記載があった。日本の大企業は、下請けから搾取する事で多くの利益を上げているため、これを実施したこの元ＣＥＯの判断には敬意を表したい。

それから、自社の仕入先への依存度と、仕入先の自社依存度（想定）も把握する事も大事である。仕入先または自社への依存度が高い企業との関係は、お互いに甘えの構造にある場合が少なからず有る。仕入先は自社に依存し、また自社は無理難題を押し付ける相手として重宝している場合もある。これはお互いにとって良い関係とは言えず、場合によってはこの甘えた関係から卒業する必要性もある事を頭の片隅に置いておく必要があるだろう。

⑨その他の改善項目

購買管理に関して、改善策に少し触れたい。その中の一つは冒頭に述べた購入品の共通化であるが、これは調達部門が単独で行う事はできず、設計（開発）部門と協力しながら進める必要がある。またこれ以外にも、幾つか検討・改善項目があるが、その中の一部を挙げてみたい。

- 購入品の共通化
- 長納期品の取り扱い
- 購入品の在庫の適正化

繰り返しになるが、購入品の管理負荷を減らすためにも、部品の共通化を進める事も重要な経営課題である。但し、これを実現するためには、開発部門との共同作業が必要であり、購買組織単独でできる事は決して多くはない。

それから、長納期品の発注及び在庫の保持も悩ましい管理項目である。一般的に長納期品の単価は決して安くはなく、高価なモノが多い。そして在庫を多く持つと、その分在庫金額が多くなってしまう。そのため、在庫を少なく持ちながら、適切なタイミングで発注する事が求められるという大事な管理項目である。

また購入品の在庫の適正化も大事な管理項目であり、日々改善すべき項目である。これについては次章で触れるが、在庫の適正化を図る場合、〝流動在庫〟と〝非流動在庫〟を意識しながら、適切な在庫数を保持する必要がある。現在よく使われている流動在庫は、多少多く持っていても問題はないが、使われなくなってくるタイミングを見計らう事が大変重要である。このタイミングを見誤ると、大量の不動在庫を抱える事になり、経営を圧迫する事になるため、在庫の適正化を意識した発注数量の適正化は常に意識する必要がある。

第７章　在庫管理

最後の管理項目として、在庫管理について述べたい。

在庫管理にも三つの要素がある。一つ目は正確な在庫数を把握できているかどうかで、この情報が正確でないと、ほぼすべての業務の遂行に支障をきたしてしまう。二つ目は適切な在庫数を保持しているかどうかで、適量でないと、販売機会損失や、納期遅れ、または製造に着手できないなどの問題が発生する。三つ目は、財務の観点での在庫金額の把握である。

在庫はできるだけ減らしたいと考えるのが普通であるが、在庫を減らす努力をした事によって、様々な管理コストを上げてしまっては意味がない。そのため、管理レベルがそれ程高くない中小企業では、〝程々〟レベルの在庫削減を行えれば十分であろう。

管理項目（ＫＰＩ）：数値データ

①システム在庫の精度

②長期在庫（死に在庫）の数量と金額
③主要の製品・部品・原材料の在庫数
④長納期品の在庫数と金額
⑤在庫金額と在庫回転率の推移

分析・評価項目：
⑥在庫の不正確性の原因分析と精度向上に向けた方策検討
⑦死に在庫の対策検討
⑧適正在庫数（安全在庫）の検討

①システム在庫の精度

先に軽く触れたが、正確なシステム在庫の把握は企業経営において大変重要である。何等かの管理システムを導入して、システム内で在庫管理を行っている事を前提として話を進めるが、システム内で在庫を正しく把握できていないと、業務の正確性に問題を生じるだけでなく、業務のムダが発生してしまう。そのため、定期的に棚卸を実施し、システム在庫と実在庫との差異を修正している。そのため、正確なシステム在庫数の把握は日常業務の運営のみならず、財務の観点でも大変重要である事を、経営者は理解する必要がある。

一部の小規模の企業、特に受注設計生産を行っている企業では、システムで在庫を管理していない企業もあるだろう。しかしその場合でも、調達品や半製品の在庫は有るだろうし、その部材の在庫数量を把握していないと、ムダな発注を行ったり、倉庫の肥やしとして長期保存される在庫が山積みになってしまう事になりかねない。

もしシステム在庫の数量が正確でないと、どの様な不都合が発生するか、幾つか例を挙げてみたい。

㋐製品在庫

- 受注に対して、出荷できるかどうかの判断ができない
- いつ製品在庫が不足するのかの正しい判断ができないため、適切な生産計画を立案できない

㋑部品・原材料などの調達品の在庫

- 適切なタイミングで適量を発注できない
- 実際に製造を始める時に、必要な部材が無い事が発生する

これらはほんの一例であるが、この様な状況が起こると、企業内の業務はカオス状態に陥り、社員は疲弊してしまうだろう。

在庫に関する管理情報は、システムを導入していれば、システムから取り出せる情報であるが、このシステム在庫の精度に関しては、システムからは把握する事はできない。しかし、日常の業務を実施していれば、在庫の問題点には気が付くハズであり、また定期的に実施する棚卸の際に、実感する事ができるであろう。そのため、経営者は自社の在庫の精度を知り、精度が高くない時の様々な障害を知り、問題点を解決するための方策を考え、社員と共に実施する事が必要である。

②長期在庫（死に在庫）の数量と金額

企業によって、〝長期〟の定義は様々であろう。製品ライフサイクルが短い製品を取り扱っている企業であれば、一ヵ月眠っている在庫を死に在庫と定義する場合もあるだろうが、一方製品ライフサイクルが長い製品の場合は、1年以上でも死に在庫と定義しない企業もあるだろう。しかしいずれにしても、長期間売れずに残っている在庫は、財務面での問題だけでなく、会社の売上に貢献しておらず、そして倉庫の場所を占有するため、望ましくない在庫である。この在庫の数量と金額を、経営者も把握する必要があり、その対処方法も一緒に考える必要がある。

この長期在庫を、死に在庫、または非流動在庫という場合もあるが、この在庫を野放しにしている中小企業は少なくないだろう。管理レベルの低い企業は、棚卸の度にこの死に在庫を見て、「この在庫はいつからあるのだろうね」といった様な呑気な事をつぶやいている。そして何年経っても倉庫に眠っている在庫が少なくないであろう。そういった意味で、倉庫に眠っている在庫の存在は、ある意味企業の管理レベルの物差しとも言える。そのため、工場内の整理整頓が大事な様に、倉庫の整理整頓も大変大事である事を認識する必要がある。

③主要の製品・部品・原材料の在庫数

１００％受注設計生産を行っている企業であれば、この管理項目はそれ程重要ではないかもしれないが、多くの企業では見込生産と受注生産の中間的な製造を行っている。その場合、主要製品と部品・原材料の在庫数の把握が大変重要である。

製品在庫を持つ事の意味は、急な注文に対して対応するためには、少量の在庫を持つ必要がある。在庫を多少持つ事で、即納する事ができ、顧客満足を高める事ができる。また多少納入を待ってもらえる場合には、部材の在庫を持つ事で、即生産に取り掛かる事ができ、短い納期で製品を顧客に届ける事が可能となる。受注生産であっても、これによって納期を短縮する事ができ、顧客満足を高める事が可能となる。そのためにも、主要製品と主要部材や原材料の在庫数の把握が必要となる。

④長納期品の在庫数と金額

調達ＬＴの長い部材の調達は、どの企業にとっても難しい課題であろう。何等かの予測を元に発注する必要があるのだが、予測通りに受注が来る事は殆どない。そのため、在庫が足りなくなったり、また在庫を過剰に持ってしまう事が多々発生する。そして通常、調達ＬＴが長い部材の単価は安くはないので、財政面でも大きな負担となる場合が多い。

そのため、長納期品の在庫数と金額も、経営者は適時把握しておく事が必要である。担当者が発注している長納期品の在庫が適切かどうかを、経営者目線でも時には考える事も大事である。

⑤在庫金額と在庫回転率の推移

先にも述べたが、在庫金額の把握も必須である。在庫の数量を金額換算で把握し、その増減の状況・傾向を把握する事もキャッシュフローの観点で必要となる。気が付いたら在庫金額が多くなっているといったケースはよくある話であり、これによって経営が悪化したり、銀行への借入を行う事になってしまう事もあり得る。そうならないためにも、在庫金額と在庫回転率の把握を定期的に行う必要がある。

業界によって多少は違うが、在庫金額は売上原価の2〜3割以内、そして在庫回転率では3〜4以上であれば、大きな問題ではない。そして在庫金額の推移を見る事で、企業の財務状況がある程度把握できるであろう。経営者が何等かのアクションを起こすのは、在庫金額が増える傾向にある時、または在庫回転率が悪くなっている時に、問題点・原因究明を行い、対策を講じる必要がある。

⑥在庫の不正確性の原因分析と精度向上に向けた方策検討

システム在庫が不正確な場合の弊害は既に述べたが、この問題を是正する事は、会社を上げて本気で取り組まないと実現できない。

在庫の精度が悪くなる原因の殆どは適切な処理を適時実施していない事にあるのだが、企業内の管理レベルが低いために、適切な処理を適時実施していない事が、原因である事が多い。そのため、この問題を解決するためには、業務遂行の精度を向上する事が、最大且つ唯一の解決策である。

この問題は品質管理の問題と同様に、企業内に〝なあなあ〟的な悪い文化が根付いている事が、根本的な原因であろう。そのためにも、経営者が先頭に立って、社内文化の改革も含めた取り組みを行う必要がある。そして日常業務において適切な処理を適時行う癖・習慣を根付かせる必要がある。そのために、例えば何等かのチェックシートなどを作成し、処理を終えた事を必ず記録するなどを行い、必ず実施する事を習慣付ける事などが考えられる。これについても、経営者が目を光らせておかないと、実現する事は大変難しいであろう。

⑦死に在庫の対策検討

死に在庫の対応について、中小企業であれば経営者も一緒に考える必要がある事は先に述べた。その理由は死に在庫は何等かの形で処分する必要があるのだが、その判断を中小企業の担当者レベルで判断する事は簡単ではないからである。それで、その判断は経営者が行う方が、スムースにいくであろう。

因みに、この長期在庫品の対処方法として、例えば次の方法がある。繰り返しになるが、工場内の整理整頓が大事であるのと同じで、倉庫内の整理整頓も大事であり、工場（企業）の管理レベルの物差しである事を認識する必要がある。

- 格安価格で販売する
- 分解して他の製品の部品として活用する
- 補修部品として保持する
- 廃棄する

⑧適正在庫数（安全在庫）の検討

在庫の適正数量を判断する事は決して簡単ではない。これには様々な要素が関わっており、そして業界によってもかなり違うであろう。例えば、見込生産を行っている企業（業界）と、受注生産を行っている企業（業界）とではかなり違う。また同じ業界でも、納入している企業によっても違ってくる。因みに、自動車メーカや電気関連などの大企業の下請けを行っている企業は、おおむね短納期を求められるケースが多い。そのため、多くの大企業は納入先に内示情報を提示しているが、その内示をおおむね守る大企業とあまり守らない大企業が存在し、守らない大企業向けには在庫を多く持つ必要がある。

一般的に、企業は財務の観点で在庫を削減する事を求める傾向にある。しかし、在庫の削減を進め過ぎると、現場の日常管理に支障をきたす場合がある。前でも述べたが、例えば製品の安全在庫が不十分である状況下で急な需要の増加があった場合、出荷できずに販売機会損失が発生する場合がある。また緊急的に製造を追加したくても、構成品目の在庫が足りず、製造できない場合もあり得る。仮に緊急な追加製造ができたとしても、製造予定の組み換えを行う必要があり、そのために余計な業務が発生してしまう。また製造に必要な構成部材が足りない場合に他の製造に使う予定だった部材を活用したりする事もある。そうなると、現場は大混乱であり、大幅な製造計画の変更を行う必要がある。

安全在庫の数量が少なすぎると、この様な計画の変更を頻繁に行う事になり、現場は疲弊していく事になる。それでこの様なムダな業務を排除するためにも、在庫の削減方針には気を付ける必要があり、その判断には経営者も関与すべきであろう。

第2部

考慮が必要な経営活動・方針

第8章　販売・製品戦略

これまで七つの管理項目について説明してきたが、ここからは企業活動において最も重要な〝販売・製品戦略〟と〝生産・製造方針〟について考えていきたい。

販売戦略または製品戦略という言葉を聞く事はあっても、これに本腰を入れて取り組んでいる中小企業は少ないであろう。勿論、どの企業も市場のニーズにアンテナを張り、売れそうなモノを作りたいと考えており、特に経営者はどの様な製品が売れるかを常に考えているだろう。しかし、売れそうなモノを見つける事は簡単にできるわけではない。

また良いモノを作れば売れるといった考えを持っている経営者も少なくないだろう。そのために技術の改善・進化を日々心掛け、精進している。しかしここが一つの盲点である。この〝良いモノ〟の尺度が人によって全然違う事を認識していない経営者（または売り手）が多いのではないだろうか。

中小製造業の多くは、下請けから始めているであろう。注文主から具体的な部品の製造依頼を受け、それが何に使われているのかを把握せずに、製造を始めた。そして下請けとして企業の体力が付き始めたら、自社製品を開発しようと考え始める。その際、他社が製造している既存品を真似て、類似品を製造する企業もあるだろう。これは取り掛かりとして悪い事ではないが、いつかはこれから卒業する必要がある。そのためにも製品作り、そして販売活動の考え方を、今一度考える必要がある。

製品の価値は顧客目線で考える

自社製品を顧客に買って頂くためには、または新しい製品を開発する場合には、顧客の目線で製品の価値を考える必要がある。顧客が何を望んでいるのか、どの様な製品を必要としているのかなど、顧客が考えている事、そして顧客が行っている事業を知らないと、顧客が必要としている製品を提供する事はできない。

実際、製品を作っているメーカは、その製品がどの様に使われているかについて意外と知らないでいる。一般消費者向けの製品であれば、消費者がどの様に使っているのかは凡そ把握できているが、企業向けの製品を作っている場合には、よく知らない場合が少なくない。それを知らなくても製品に対する要求内容を聞く事で製品を作る事はできるため、製品の開発には大きな支障はないかもしれない。だが、知る事でより良い製品の提案や開発ができる可能性が高まる。仮に、客の要望にそって製品を作っていたとしても、顧客の目線で考えないと、顧客は満足してくれないであろう。

製品開発と営業（販売）活動はコンサルティング活動と同じ

営業（販売）活動は、究極的にはコンサルティング活動であるのだが、この様な認識を持っている営業や経営者は殆ど居ないだろう。

営業活動で大事な事として顧客を知る事があるが、顧客を知るという事は、顧客の要望を知る事だけではない。それは、顧客が抱える問題や解決したい事を知る事である。そしてこの問題や解決したい事を深掘りし、その解決方法を提供する事が本当の意味での営業活動であり、これは正にコンサルティング活動と同じである。

顧客の事を知るという事は、顧客が何を作っているのか、自社の製品がどの様に使われているのか、自社または自社製品に求めている事は何なのか、そして自社製品を選んだ理由は何なのか等々、知るべき事はたくさんある。これを調べるには若干の時間が掛かる場合もあるが、重要な顧客になればなる程これらの事を深く知っておく事が大事になる。

昨今、一般消費者向けの製品の場合などでは〝ペルソナ分析〟という手法を使って、消費者の行動分析を行っている。自社製品の購買層をイメージし、どの様なシーンで自社製品を使ってもらえるか、などを考えて、製品の開発やマーケティング活動を行っている。その際、想定する購入者の家族構成、年齢、学歴、収入、勿論性別などたくさんの想定（または前提）を設定して分析を行っている。

例えば洋服を購入する消費者の行動や心理を分析した結果、サブスクリプションといった洋服の販売ビジネスが誕生したりしている。またペルソナ分析を広義に捉えた場合、為替市場で語られているミセス・ワタナベも一種のペルソナ分析ともいえる。これは日本の小口投資家の総称なのだが、彼らの行動分析を行い、海外の投資家のプロは結果的には彼等をカモとして利用しているといわれている。

コンサルティング的な営業活動は、B to B（企業間取引）でも大変重要なのだが、残念ながらこの重要性は殆ど認識されていない。大企業でも実施できていない活動なので、中小企業では実施できていないのも当然であろう。しかし、これを実施する事で、他社と差別化する事ができる。実際、これを実現している半導体関連の大企業では、企業の収益や社員の収入は日本の製造業の中ではトップクラスである。

繰り返しになるが、顧客が抱える問題点を把握する事で、自社がどの様な製品を開発していくのかの参考情報になる。顧客が抱える問題・課題を解決する手段をどの様に提供できるか、どんな製品を作れば顧客に喜んで頂けるかを考え、そして実際に開発する事で新しい販路・市場を確保できる。

この様に、市場のニーズを考えるのではなく、市場の課題にアンテナを張る事が重要である。問題・課題を解決する手段（製品）を提供し続ける企業が、生き残れる。問題・課題を理解せずに、〝良い製品〟を作っていると錯覚している企業はいずれ衰退するであろう。

事例１：１９９０年代後半のパソコンの事例

２０００年前後までパソコンを製造していたM社は１９９０年代後半に、当時としては画期的なタッチパネルでも活用できるパソコンを製造したのだが、その利用方法を殆ど考えずに開発し、販売し始めた。今でこそ、スマホやタブレットが広く普及しているので、タッチパネルの活用方法が想像できない人は殆どいないだろう。しかし当時は誰も使った事がなかったため、この新しいパソコンの活用方法が想像できなかった。

この事例では、マーケティングがまずかったといってしまえば簡単なのだが、この製品をどの様なシーンで活用すればメリットが生まれるか、売る側が殆どイメージできていなかった事が問題であった。誰に使ってもらいたいかを想像せずに、製品を作った事は驚きであり、開発者の発想には敬意を表したい。開発者が「この様な製品を作ると、きっと面白い市場や世界が作れる……」などといった発想で、この様な斬新な製品を作ったのだと想像している。時にはこの様な発想からの製品が爆発的に売れる事もあるだろうが、使う側の目線でそのメリットを事前に考えておかないと、中々この様な新しい製品を売る事はできない。結果的に殆ど販売できずに、市場から消えて行った。

事例2：製造設備の事例

次は製造設備周りの事例を紹介する。

例えば、ある製造設備で段取り時間が25分必要だとしよう。もし、その段取り時間を5

分に短縮できれば、その企業にとって大きなメリットがある。段取りが1日に1回しか必要なければ、それ程大きな改善にはならないが、それが2回や3回と増える事で、その効果は大きくなる。

仮に1日3回の段取りを必要とする場合、25分×3回＝75分段取り時間を要する訳だが、それが5分になると、5分×3回＝15分となる。75分－15分＝60分の改善となり、これは大変大きな効果である。1ヵ月20日間で換算すると、20時間分多く製造できる事になる。

この例の場合、仮に作業者の時間単価が２０００円だとする。月に20時間となると、4万円のコストを削減する事ができる。また、設備を動かし、製造する事で毎時１０００円の付加価値を生むとする。これを20時間換算にすると、２万円の利益を付加できる事になる。それでこの２つを合わせると、６万円の利益を生む事になる。これがもし作業者の時間単価が３０００円で、付加価値が２０００円だとすると、合計10万円となる。

この段取り時間を短縮できる製品の価格が１００万円だとする。そうすると、１００万円の初期投資の増加額は、10ヵ月で回収できる事になる。

この様に、製品を開発し販売するためには、この事例の様な改善によるメリットを提示できる事が必要である。

事例3：医療機器の事例

社会の課題を解決した分かり易い例として、医療機器がある。この領域はまだまだたくさんの問題・課題があり、日進月歩の状態である。特に外科手術において、それを支援する医療機器の進化には目覚ましいモノがある。

昔は外科手術といえば、切開して行う方法が普通であった。外科手術が抱えていた課題は、術後の傷口の回復に時間がかかる事であったが、高度な医療機器を使う事で切開する範囲を極小化する事ができ、術後の回復が早くなっている。また高度な医療機器によって、昔はできなかった手術ができる様になったケースもある。

この医療機器の例では、どの様な効果・メリットがあるのかを整理してみたい。それは外科手術がより簡単にできる様になったとか、切開しなくても問題点を把握できる様になったとかいった単純な目線ではない。一番大きな効果は、大きな切開をする必要がなくなった事で、治癒のために必要な入院日数が少なくなり、入院費用が各段に少なくなる事にある。手術費用は高くなるだろうが、入院費用は安くなるという事は、全体的な費用（コスト）面で大きなメリットがある。例えば、切開手術と比較して入院日数が10日間減ったとする。1日当たりの入院費用が1万円だとすると、10万円の費用の削減になる。

単純にいうとこの場合、この医療機器には10万円の価値がある事になる。この時間の削減による効果は、患者だけではなく、病院側も受けられる恩恵であろう。

また多くの人が恩恵を受けている医療機器として検査機器がある。その代表格がＣＴとかＭＲＩで、昔から有る機器としてレントゲンがそうである。昔は体を切開しないと分からなかった症状が、これらの機器を使う事で切開せずに病気（問題点）を見つけられる様になった。今までは体の中を開いて見てみないと分からなかった問題が、外から分かる様になるという、画期的な改善である。そしてこの様な機器の進化は目覚ましく、腕時計を手にするだけで、体の健康状況がある程度計測できる様にもなってきている。これについてのメリットを費用（コスト）に置き換える事は難しいが、今まで分からなかった病気が簡単に分かる様になる事は大変大きなメリットであり、お金に代えられない程の価値がある。

日本のユーザは良いモノを見極める力がないため、海外に展開する

新しい製品を開発し、販売する場合、日本の企業ユーザは中々受け入れてくれない。その理由は、日本のユーザは保守的である事や、良い製品を見極める能力が欠けている事などが考えられる。日本人は個性豊かな民族なのだが、一部の保守的な人達のせいなのか、新しい製品は日本で日の目を見る事なく、市場から消えていく場合が多くある。その例の一つが先に述べたパソコンの例であろう。

この様な場合、販路を海外に求める事が、解決方法の一つである事を知っておく必要がある。繰り返すが日本のユーザは保守的であり、良い製品を見極める能力が欠けているため、買い叩く事しか知らない。そのため、国内だけで商売をしていたら、利益を得る事は大変難しい。そのためにも海外に販路を求め、海外で高い評価を受ける事で、国内の販売でも優位に立てる可能性がある事を知っておく必要があるだろう。

保守サービスの重要性

ビジネスを継続する上で、保守サービスは大変重要である。納入した製品が何らかの理由で壊れた場合、修理して使える製品であれば、迅速に修理を行う必要がある。その修理は現地での修理を行う場合もあるだろうが、製品を自社に送ってもらって修理する場合もあるだろう。また製品（業界）によっては新しい製品と交換するケースもあるだろう。その場合、製造メーカ側は新しい製品が即納できる体制を作っておく必要がある。

継続的に利益を上げている企業の中で、この保守サービスが悪い企業は殆ど無いであろう。別の言い方をすれば、業績の悪い企業の多くは、この保守サービスが悪いと言っても過言ではないだろう。例えば製造現場で使用している製造設備が壊れた場合、その設備の修理を迅速に行う事ができない製造メーカの製品を、将来も使い続けたいとは思わないだろう。

製造設備を使用している企業が行う事として、設備の故障に対する方策は、おおむね次のいずれかになる。今は殆どの企業でパソコンを使っているので、パソコンが壊れた時の対応を想像すると次の例は理解し易いだろう。

- 企業内に予備を用意して、交換する
- 自社内で修理する
- メーカに送り返して修理してもらう
- メーカから代替品を送ってもらう
- 製造メーカから修理に来てもらう

繰り返すが、余程の製品の優位性が無い限り、保守サービスを疎かにしている企業は衰退する。そして逆に保守サービスが充実している企業は、多少製品の優位性が劣っても、顧客からの支持は得られるであろう。

事例4：製造設備の事例2

第1章で紹介したA社は、小物の加工に必要なツールを製造している企業であるが、このA社の製品を使っている企業の多くは中小の製造業で、殆どが下請けとして部品を加工している。当然、このA社にも競合他社が存在しているが、保守サービスが充実しているこの企業は、業界では優位な地位におり、経営は安定している。

このA社の製品を使っているユーザ企業は、A社の製品を活用して毎日何百もの部品を製造している。もし、その部品が壊れたら、製造が止まってしまうので、企業によってはスペア（交換品）を保持しているが、スペアを持っていない企業も少なくない。その様な状況下で万が一A社の部品が壊れた場合に、A社の価値が発揮される。

A社は顧客満足を得るために、大変短い納期を設定しており、いつ、何処から、どんな注文が来ても、1~2日で納品できる製造の仕組みを構築している。そのため、価格競争力の高い経営ができていて、会社の経営も安定している。

またこの会社の経営者は頻繁に様々な情報に目を通し、何か気になる点があれば、即座に担当者と確認する事で、問題の早期発見と即時対応を実践している。

事例５：製造設備の事例３

ヨーロッパにあるB社は、加工生産に必要なツールを製造している企業である。製品自体に特徴があり、個別のニーズに合わせて受注設計生産している。そして品質も良いので、日本などの海外でも販路を持っている。因みに広義に捉えると、このB社の製品はA社と類似した顧客を持っている。

B社の製品の特徴は、本体と複数の付属部品から構成されていて、本体は壊れる事は稀であるが、付属部品がある意味消耗品である。B社は受注生産した多くの製品の本体をスペアとして自社内で保持（保管）しているが、付属部品は顧客にてスペアを持つ様に推奨している。この製品の製造LTはA社より長いため、摩耗したり壊れたりする可能性がある付属部品のスペアを顧客に持ってもらう事で、利便性を維持している。

事例6：製造設備の事例4（悪い事例）

国内のC社は、加工生産では必ず発生する段取り時間を劇的に短縮できる製品を持っている。通常、20分程かかる段取り時間がたった1分で実施でき、高価ではあるが、製品の優位性を持っている。しかし、次の二つの問題から殆ど売れていない。

- 段取り時間を短縮できる事を訴求できていない
- 壊れる事は滅多にないが、万が一壊れた場合の代替品の納期が1〜1・5ヵ月となっているため、残念ながらユーザは購入する事をためらっている

情報の大事さ

情報化、または情報管理に関して、残念ながら製造業は全般的に遅れている。例えば小売業界等ではきめの細かい情報の管理を行っているが、多くの人が知っている例として、アイスクリームが売れる気温の情報活用がある。22〜23℃以上だとアイスクリームが売れ始め、30℃以上になると、かき氷系がよく売れるとわかっているため、天気予報を事前に確認し、仕入に役立てている。それで小売業とはちょっと系統が違うが、大手の美容院チェーン店での情報管理の例を紹介したい。これは20年程前に見聞きした事例なので、今はもっと進化していると思われる。製造業を営んでいる人達にとっては、〝たかが美容院〟と思ってしまうだろうが、製造業よりは遥かに情報化が進んでいる事を知る上で、良い例なので紹介したい。

事例７：大手美容院チェーン店の事例

大手美容院チェーン店ともなれば、店舗別の売上の管理では1時間単位での売上実績を管理しているだけでなく、美容師別の売上実績も管理している。この程度であれば、小売りや客商売であれば普通であろう。

昨今の大手美容院では美容師の力量に合わせてカット代も変えており、新人からベテランまで、複数の金額が設定されている。仮にこれをレベル1~4としよう。それで美容師がレベル1の時についた（指名した）顧客は、その美容師が経験を積んで、レベルが上がったとしても、最初に指名した時点での単価でサービスを受けられる。これが出来るという事は、これらの情報を管理しているシステムを構築しているという事である。

製造業の経営者が学ぶ事として、進んだ情報システムを構築しているという事だけでなく、美容院の経営者は各店舗の日々の売上実績を毎日の様に確認しているという事である。そして現場の状況を常に把握し、何か問題点があれば、即座に対応できる様に、常日頃から取り組んでいるという事である。

製造業の方が管理すべき情報の種類と量は遥かに多いが、事例4でも記載した様に頻繁に情報を確認する事は、見習うべき習慣ではないだろうか。

第９章　製造方式と生産計画

この章では、生産計画または製造に関する考え方を深掘りしていきたい。そして生産管理に必要なＩＴシステムについても触れていきたい。

経営者がこのレベルの業務やＩＴシステムを掌握し、管理する必要性はそれ程高くはないが、知っておいて損する事ではなく、余力があれば、理解する事も悪い事ではない。

それで、生産計画・製造に関する重要事項を以下の流れで説明していきたい。

1. 適切な生産方式の適用：見込生産、受注生産などの選択
2. 生産（製造）計画の立案と資材所要量計画（ＭＲＰ）の実施
3. 生産（製造）の実績収集と予実管理

1 適切な生産方式の適用

製造業にも色々あるが、代表的な次の四種類の生産方法（方式）について簡単に触れたい。

Ⓐ MTS（Make to Stock）：見込生産。

Ⓑ ATO（Assemble to Order）：受注後、半製品（部品）を組立てて完成品を製造。類似の表現として、CTO（Configure to Order：パソコン製造の表現として主に使われる）やBTO（Build to Order）などがある。

Ⓒ MTO（Make to Order）：受注生産。

Ⓓ DTO（Design to Order）：受注生産の一つであるが、設計から開始する受注設計生産。

昭和時代の製造業の多くは、少品種大量生産を見込生産で行っていたが、平成以降は多品種少量生産化が進み、純粋な見込生産を行っている製造業はかなり少なくなってきて、在庫をできるだけ少なくする製品戦略に変わってきた。そのため、半製品を見込で製造し、需要の変動に合わせて完成品を製造するＡＴＯ／ＣＴＯ／ＢＴＯなどといった製造方法が主体となってきている。しかし品目数が増えたために、弊害として全体の在庫数が増えているケースも少なからず存在する。また製品在庫が死に筋製品となり、不良在庫となってしまうケースも増えてきている。そのため、在庫の適正化は製造メーカにとって生命線だともいえる。

製品を作る側としては、製品在庫を持たなくて済むＭＴＯ（受注生産）が一番望ましい。しかし製品を使う顧客にとっては製造ＬＴが長くなってしまうため、短納期を望んでいる買い手にとって望ましくない。そのため、部分的に見込で製造＆在庫化し、ＡＴＯ／ＣＴＯ／ＢＴＯ化する事で、納期を短くする努力を行っている企業もたくさんある。

この様に、見込生産であっても受注生産であっても、在庫の削減または短納期化のために、半製品を在庫化する製造方法に寄ってきている。適切な生産方式の採用がビジネス上で大変重要である事が分かるであろう。

そこでＡＴＯ／ＣＴＯ／ＢＴＯ化する際にポイントとなるのが、生産管理の章でも説明した次の㋐～㋓を実施・把握し、㋔～㋖について決定する事にある。

㋐製造工程の設計
㋑各工程の製造LTの把握
㋒製造能力の把握
㋓調達品の調達LTの把握

これらを把握した後、次の項目を決定していく。

㋔見込生産する部品（半製品）を決める
㋕在庫すべき調達品を決める
㋖在庫を持つと決めた製品、部品（半製品）や調達品の在庫数（安全在庫）を決める

㋐製造工程の設計

大企業になると、製造技術部といった部門が製造工程の設計を行うが、中小企業では生産管理部門が製造側と一緒に工程を考える事になるだろう。余談だが、製造工程の設計は、どうしても経験値に依存してしまうが、経験が浅い人間でもある程度の工程設計ができる様な基礎教育やルールの設定などが必要である。

ＩＴシステムでの工程管理は、実際の工程ほど細かくする必要はないが、例えば加工が複数の違う設備で行われる場合、設備単位で一つの工程を設定する事になる。当然、設備によって加工費（原価償却費）が違う事もあり、必然的に分けざるを得ないであろう。また、組立は一般的には一つの設備で行われるため、工程も一つとして設定する事が一般的である。

㋑各工程の製造ＬＴの把握

製造工程の設計の次は、各工程の製造ＬＴ（作業時間）の算出をする必要がある。最初に算出された製造ＬＴの正確性は決して高くはないだろうが、製造を繰り返す事で精度を段々と上げていく必要がある。

精度を上げるためにも、各工程の製造ＬＴ（作業時間）を、ＩＴシステムに登録する事が重要となる。最初は予定時間として登録し、実績をシステム内に記録する事で予実管理を行う事が可能となる。そしてこの予実管理を行い、予定時間を定期的に見直す事で、より精度の高い製造ＬＴを把握する事が可能となる。

工程単位での製造ＬＴが整理されれば、製品全体の製造ＬＴも明確にできる。但し、製品の製造ＬＴを語る場合、ケースバイケースで対象範囲が少しずつ違う事も知っておく必要がある。例えば、見込生産であれば、製造開始から完成までの期間をいうが、その場合に調達LTを含める・含めないで違いがある。また、ATO／CTO／BTOなどの見込生産と受注生産が混在している場合、基本的に重要な製造LTは受注後の製造分であり、見込で製造する分は区別して考える場合もある。

㋒製造能力の把握

次に行う事は、製造能力の算出である。各工程の製造LTが分かれば、製造能力は比較的簡単に計算できる。

因みに、この製造能力の情報をITシステムに登録する事は一般的には行われていない。その理由は稼働時間が残業などでかなり頻繁に変動する事と、システム上で管理する事があまり適さない事、そして製造能力を付加した処理を行うためのITシステムの処理時間が長い事などがある。

㋓調達品の調達LTの把握

調達品の調達LTの把握も大変重要である。部材を発注してから、何日後に発注した部材が納入されるのかを把握しないと、後で述べる生産計画は立てられない。そのため、すべての発注品についても調達ＬＴを正確に把握する事が大事である。

当然、この調達ＬＴもシステム内に保持すべき情報となり、システム内に登録した予定の調達ＬＴと実際の納入日数とを適時比較（予実管理）する必要がある。

㋔見込生産する部品（半製品）を決める

これら㋐～㋓の情報が揃えば、次は見込生産するのか、受注生産するのかの判断をする事になる。量産品や即納が求められる製品は当然見込生産になるので、迷う事はないだろう。問題は、ＡＴＯ／ＣＴＯ／ＢＴＯなどの見込生産と受注生産が混在している場合、どこまでを見込で製造し、どこから受注生産するのかの判断であろう。例えば、工程の製造ＬＴが長ければ、事前に見込で製造する事で、全体的なＬＴの短縮に繋がる事は明らかであろう。特にその部品が汎用部品であったり、または製造数量が多い部品の場合は、見込で製造する方が良い。またある部品が特定の製品に使われる場合や、販売数量が少なく、非定期的に使われる場合は、受注生産にする事になるであろう。

見込で製造する部品が増えると、その分在庫が膨らんでしまう。そこで、在庫の削減を取るか、それとも短納期を取るかのバランスを取る事が大変重要となる。

㋕在庫すべき調達品を決める

ＡＴＯ／ＣＴＯ／ＢＴＯなどの見込生産と受注生産を混在させる場合、見込で製造する部材同様に、在庫する調達品を決める必要がある。この判断も内製品の在庫の判断と同じで、必要とする量と、調達ＬＴの長さ次第で判断される。必要数が多ければ、または調達ＬＴが長ければ、在庫する部材となる。

㋖在庫を持つと決めた製品、部品（半製品）や調達品の在庫数（安全在庫）を決める

在庫を持つ製品や部材を決めたら、次に行う事はその在庫の数量を決める事である。要するに安全在庫の事なのだが、この数量を決める事は決して簡単な事ではない。しかし、最低限必要な数量を計算する事は比較的簡単である。それは、

■製造ＬＴ（または調達ＬＴ）×１日当たりの平均使用数÷調達頻度

である。仮に製造または調達ＬＴが１ヵ月とし、１日平均２個使用する部材で、毎日稼働している事を前提とした場合、30（１ヵ月）×２＝60個となる。そして月に３回発注している場合、60÷３＝20個必要となる。ここまでは簡単だが、実情はもっと複雑である。

実際に必要とする数量は、需要が安定していれば、一度計算すればＯＫである。しかし需要は常に変動しているため、安全在庫を適時見直す必要がある。検討すべき部材の数量が数十個程度であれば定期的に見直す事はそれ程の作業負荷にはならないが、これが数百個、数千個となると大雑把な検討になってしまう。これが難しいのである。

ＩＴシステムを活用して自動的に適正在庫を算出する方法も最近は出ている。しかし、最終判断は人間が行う必要がある。その〝最終判断〟は誰にでもできる事ではないので、その人材を育てる事が簡単ではない。ここが中小企業の経営では難しい所である。

2 生産（製造）計画の立案と資材所要量計画（ＭＲＰ）の実施

当たり前ではあるが、製造を行うためには生産計画を立案する必要がある。見込生産であれば、需要予測に沿って生産計画を立案し、受注生産であれば受注した時点で生産計画を立案する。その際に重要な情報となるのが、繰り返しになるが、次の四種類の情報である。

■自社の生産能力
■製造ＬＴ
■調達ＬＴ
■現在の在庫数

そしてこれらの情報を元に、製造に必要な構成品目の調達または製造を、適切なタイミングで適量調達（製造）する事が必要である。これを実現するＩＴシステムの機能が資材所要量計画（ＭＲＰ）なのだが、これを使っている中小企業は決して多くない。

生産品目数が少ない企業であれば、ＩＴシステムを使わなくても生産計画を立案し、調達品を必要なタイミングで必要数を調達する事も可能かもしれない。しかし、その場合は完全に属人化した業務になってしまう。そのためにも中小企業といえども、ＩＴは必要であろう。しかし残念ながら、中小企業にとってはＩＴ化のハードルは決して低くない。

生産計画を元にＭＲＰを実行するためには、これまで述べてきた情報をＩＴシステムに登録する必要がある。その中で、自社の生産能力の登録は通常不要である。その理由は、一部に安価なＩＴシステムも存在するが、生産能力を加味したＩＴシステムは大変高価であり、中小企業が投資できる金額ではないからである。またそのシステムを運用するためには膨大且つ詳細なデータをITシステムに登録する必要があり、そのために多大な工数が必要となるため、これも中小企業にとってはハードルが高い。

それで、MRPを実行するためには、先に述べた次の三種類のデータをシステム内で管理し、自社の生産能力についてはシステム外で管理する方法が一般的である。

- 製造LT
- 調達LT
- 現在の在庫数

またこれら以外に、たくさんの情報が必要であるが、その中で代表的なモノを幾つか挙げたい。

- 安全在庫数
- 製造ロットサイズ

繰り返しになるが、ITシステムにて生産管理の仕組みを導入し、生産計画からMRPを実行しようとする場合、これらのデータを正しい状態で維持できなければ、業務は機能しなくなる。これは中小企業にとっては、決して簡単な事ではないが、人に頼った管理から脱却するためには避けて通るわけにはいかないだろう。

3 生産（製造）の実績収集と予実管理

この〝生産（製造）の実績収集と予実管理〟については、第3章で既に述べたが、計画に対して実績と比較する事で、次の計画立案に反映するPDCAを確立する必要がある。適時、予定と実績を比較して問題点を分析し、改善していく事が大事である事を再度指摘したい。

生産計画を立案し、実際の製造を行った後は、その製造の実績情報の収集である。具体的には、

■製造数量

■製造時間（機械・設備、作業者）
■使用した部材の数量

などである。これらの情報を正確に取得し、ＩＴシステムに記録する事ができれば、製造実績の製造納期、時間、数量に関する予実管理を行う事が可能となる。そして、これらの作業実績情報も記録できれば、第４章で述べた原価管理の予実管理が行える様になる。

第10章　経営者として

経営者として語れる程の実際の経験はないが、中小企業の経営者に必要な考え方や置かれた立場などについて、次の6点に関して考えていきたい。

- 理念や哲学、そして夢が必要
- 孤独な経営者
- 現場主義
- 従業員への対応方法
- 魅力的で融通を利かせた労働環境の提供
- ヤル気のある人材の確保と育成

理念や哲学、そして夢が必要

経営者には、理念や哲学を持っている事が必要であり、必須条件と言っても過言ではないだろう。そして、企業の存在についても、経営理念や経営哲学が必須である。理念や哲学なしに、従業員はついてこないと言っても過言ではないだろう。そして、経営者には夢が必要である。

吉田松陰の言葉に、

「夢なき者に理想なし、
理想なき者に計画なし、
計画なき者に実行なし、
実行なき者に成功なし。
故に、夢なき者に成功なし。」

という言葉がある。この様に、経営者は理念や哲学、そして夢を持っている必要がある。

孤独な経営者

経営者は自分が考えている方向に突き進むエネルギーが必要であり、従業員の感情や思いを時には無視し、また時には鈍感である必要がある。そして先に述べた様に経営者は夢を持っている必要があり、その夢に向かって突き進む突進力が必要である。

一方では経営者は大変孤独な立場でもある。常に自分の判断に不安を感じ、従業員がどの様に感じ、考えているのか気になっている。そして不満があるのではないかと心配している。また時には従業員の仕事ぶりにある感情を持っている。なぜもっと真剣に仕事をしないのか、なぜ報告や相談をしなかったのか、など不満に感じる事も多々ある。しかし、殆どの経営者は、企業内で相談する相手は居ない。社内に腹心となる人が居れば良いのだが、その様な企業は少ないであろう。

そのため、多くの経営者はその心の拠り所を求め、様々な外部の会合や組織に居場所を探している。有名所として、ロータリークラブやライオンズクラブがあるが、これらは単なる社交場でしかない。これら以外に、経営者向けの勉強会や啓蒙活動を行っている場所や組織があり、多くの中小企業経営者が参加している。これらの組織の一部は悪い捉え方をすれば宗教的な側面も多少含まれている。しかし、悩み多き経営者にとってはそれも有難い存在ではある。

しかし、この様な組織や場所（会合）、またはグループに参加するという事は、経営者として自立できていない事の証しである事を知っておく必要がある。そしていつかはそこから卒業し、場合によっては教える側になるべきであろう。

現場主義

会社の正確な状況を知るには、現場主義が鉄則である。もし中小企業の経営者が立派な社長室を持っていたら、それは即刻会議室に変えるべキである。大企業であれば、立派な社長室があっても良いだろうが、中小企業の社長は社員の会話が聞こえる所に机を置くべきであろう。基本、経営者が長い時間事務所に居る事は良い事ではないが、事務所に居る時間は社員と共に過ごし、社員と会話すべきであろう。

『日本経済新聞』の「私の履歴書」に登場する著名な経営者は、ほぼすべて現場主義を実行してきている。ましてや中小企業の経営者は現場主義以上に社員と共に過ごす必要があり、そうでなければ会社は良くならない。

従業員への対応方法

従業員に対する対応は大変難しく、これについては様々な意見がある。一つは、従業員は一種の家族とする考え方であり、もう一つはあまり慣れ合いにならない関係を保つベキとする考え方である。これらは両極端であるが、ここでは、一種の家族とする考えで話を進めたい。

中小企業では、従業員は宝であり家族の様な存在であろう。しかし、決して甘やかす事はしてはいけない。その意味は、失敗は許すが、嘘や誤魔化しは決して許してはならないという事である。失敗を叱咤する経営者や管理者は多いが、叱咤する時間があれば、同じ失敗を繰り返さない方策を考える事に時間を割くべきであろう。そして嘘や誤魔化しは絶対に許してはならない。しかし、従業員が嘘や誤魔化し言ってしまう環境を会社が作っている可能性もあり得る事を、経営者は考慮する必要がある。

魅力的で融通を利かせた労働環境の提供

中小企業が優秀な人材を確保するのは本当に難しい。優秀かどうかは別として、少なくとも高学歴の人材を確保する事は殆どムリである。そして、管理能力のある人材、または管理を知っている人材が少ない。そのため、大企業を定年退職した経験豊かな人を時には採用してきていた。中小企業だと定年を過ぎても雇用する事がし易いので、大企業を定年で退職した人材を確保できたが、昨今これができなくなってきた。大企業が定年を先延ばしし始め、65歳定年はほぼ当たり前になってきつつある。そして企業によっては70歳定年や、定年なしの大企業もちらほら出てきている。この様な状況で、大企業のＯＢの確保は年々難しくなってきた。そうなると、優秀な人材は独自で確保し、育てる必要が出てきた。そのために中小企業ができる事の一つは、労働環境の多様化であろう。そして中小企業だからこそできる事もある。

例えば、

■労働時間の多様化

■労働日数の多様化

などは、既に一部の大企業では採用し始めている。そのため、中小企業ではもっと先を行くべきである。そして個別の従業員別に融通を利かす必要がある。それができるのが中小企業の強みである。

具体的には、

■授乳期の子供を連れてきてもＯＫ
■労働日の不定期化

などは、中小企業ならではは実現できる事ではないだろうか。

ヤル気のある人材の確保と育成

中小企業に来てくれる従業員には、学校での偏差値が高い人間は決して多くない。しかし、ヤル気や向上心のある人間の存在は、決して大企業には引けを取らないだろう。そこで経営者が行う事は、そのヤル気のある従業員のヤル気を引き出し、向上させる手助けをする事である。そして、ヤル気のある人間を一人でも多く雇用し、彼等のヤル気を支援する事が経営者として一番大事な仕事であろう。

松本　繁治（まつもと　しげはる）

1961年石川県生まれ。ルイジアナ州立大学工学部卒、同大学大学院中退。日米の製造メーカに勤務後、外資系IT企業や外資系コンサルティング企業にてコンサルタントとして10年以上の活動を行う。一時期、家業である製造メーカで経営を支援。2009年以降は独立してコンサルティング活動を継続中。

中小製造業の経営管理の虎の巻

中小製造業の情報管理は情報の記録から

2024年6月24日　初版第1刷発行

著　　者　松本繁治
発 行 者　中田典昭
発 行 所　東京図書出版
発行発売　株式会社 リフレ出版
〒112-0001　東京都文京区白山 5-4-1-2F
電話（03)6772-7906　FAX 0120-41-8080
印　　刷　株式会社 ブレイン

ISBN978-4-86641-763-9 C2034
Printed in Japan 2024